职业教育课程体系创新教材
决胜职业生涯系列教材

面试攻略

第3版

主　编　杨慧娟　罗　丹
副主编　赵彩红　雷　杰
参　编　陈莉莉　何秀兰　陈伟娜　肖文婷
何京亚　萨颖诗　肖　游

机械工业出版社

本书共有两个专题，分别是准备面试和应对面试，最后安排了实训工场，促使学习者亲身演练，活用所学知识。

本书结合职业院校学生的特点，采用项目任务式教学法，配以大量的面试案例、面试题目和微课视频，将教、学、练有机结合，通过任务驱动引导学习者掌握面试礼仪、求职材料、面试类型、应对技巧等方面内容，为就业做好准备。

本书可作为职业院校就业与创业指导课程的教材，也可供班主任开展班级教育之用，还可供学生自学使用。

图书在版编目（CIP）数据

面试攻略 / 杨慧娟，罗丹主编．-- 3 版．-- 北京：机械工业出版社，2024. 9. -- ISBN 978-7-111-76609-4

Ⅰ. C913.2

中国国家版本馆CIP数据核字第2024GN4421号

机械工业出版社（北京市百万庄大街22号　邮政编码100037）

策划编辑：刘益汛　　　　责任编辑：刘益汛

责任校对：李　杉　李　婷　　封面设计：马精明

责任印制：常天培

北京机工印刷厂有限公司印刷

2024 年 11 月第 3 版第 1 次印刷

184mm×260mm · 8.25 印张 · 150 千字

标准书号：ISBN 978-7-111-76609-4

定价：35.00 元

电话服务　　　　　　　网络服务

客服电话：010-88361066　　机　工　官　网：www.cmpbook.com

010-88379833　　机　工　官　博：weibo.com/cmp1952

010-68326294　　金　　书　　网：www.golden-book.com

封底无防伪标均为盗版　　机工教育服务网：www.cmpedu.com

前　言

找一份理想的工作是职业院校毕业生最大的心愿，而进入理想的企业也是广大毕业生的梦想。随着我国经济的发展和人事制度改革的深化，人才选拔越来越科学和公正。要想进入理想的企业工作，实现自己的人生价值，必须通过面试这一关。面试时间通常只有几十分钟，但这将影响毕业生的一生。毕业生要在短短的时间内既全面又重点突出地介绍、推销自己，给企业留下美好而鲜明的印象，的确不是一件易事。因此，毕业生必须提前准备，做到知己知彼；掌握应对技巧，做到得心应手；加强实战演练，做到胜券在握。这样才能在面试中脱颖而出。

本书以党的二十大报告中“办好人民满意的教育”“全面贯彻党的教育方针，落实立德树人根本任务，培养德智体美劳全面发展的社会主义建设者和接班人”的精神为指引，结合职业技术院校学生的实际情况，对面试内容做了适当拓展，逻辑性强，教学方法多样，教学内容丰富。本书采用项目式教学法，以具体任务为引导，教、学、练有机结合，同时配以大量面试实例，引导学生掌握面试礼仪、求职材料、面试类型、应对技巧等方面的内容，最后让学生通过亲身体验，以模拟面试的方式检验学习效果，总结实践经验，促使其自觉转换角色，适应社会，叩开企业之门。

本版由杨慧娟、罗丹任主编，赵彩红、雷杰任副主编，参加编写的还有陈莉莉、何秀兰、陈伟娜、肖文婷、何京亚、萨颖诗和肖游。此外，在本书编写的过程中，得到了相关领导、老师、同行的大力支持和指导，在此表示感谢。编写过程中，编者参阅了一些资料，在此对相关作者表示感谢。

凡选用本书作为教材的学校及教师可以通过机械工业出版社教材服务网（http://www.cmpedu.com）下载助教课件。

由于编者水平有限，本书难免存在不足之处，敬请读者批评指正。

编　者

2024年5月

目　录

专题一

准备面试

求职应聘要成功
面试准备不放松

课 前 准 备

1. 我选择的职业是（　　）。

   A. 行政类　　B. 技术类　　C. 市场类　　D. 公共媒体类

   E. 其他：_______

2. 我希望从事的行业是（　　）。

   A. 零售业　　B. 制造业　　C. 互联网/电子商务　D. 金融

   E. 其他：_______

3. 我是否认识该行业或该职位的从业者，如果认识，他们是______、______、______。

4. 请为自己所选择的行业及职位选择一套合适的服装，用于参加面试（用图片展示或语言表述）。

5. 你争取的第一次实习机会是通过（　　）。

   A. 海投简历　　B. 寻找人脉推荐

   C. 学校推荐　　D. 其他：________

6. 投给不同企业的简历是不是应该有不同的格式与侧重点？（　　）

   A. 是　　B. 不是

7. （　　）能让简历与众不同。

   A. 请广告公司设计

   B. 采用奇特的颜色和纸张

   C. 本来就不需要与众不同，而是要“符合招聘启事的要求”

8. 每一份简历上都应该出现应聘单位的名称吗？（　　）

   A. 应该　　B. 不应该

9. 平时应该培养的求职素质有（　　）。

   A. 只看求职书籍

   B. 首先让你周围的人喜欢你，然后让更多初次见面的人喜欢你，那么所有招聘单位都会喜欢你

10. 职校新生求职前需要做好的最初准备是（　　）。

   A. 寻找人脉　　B. 认真学习

   C. 广泛阅读　　D. 确定自己的“一技之长”

破冰

请寻找一份你心仪企业及职位的招聘启事，抄写下来并回答下面的问题（如果你暂时还没有确定求职目标，可以在相关招聘页面上找一个“假想对象”）。

1. 该职位的三大需求是什么？
2. 匹配这三大需求的具体事实有哪些？
3. 更牛的申请人，可能在哪几个点上比我厉害？我应该如何改进？

项目一　知己知彼——探寻职业兴趣

一、任务布置　二、…　三、…　四、…　五、…　六、…

一次面试经历

简历投出一周后，我接到了一家公司的面试通知。为了做好准备，我赶紧把在这家公司工作的同学请来取经，问了一些面试应该注意的问题。例如，可能面试我的经理的姓名、性格、爱好等，以及这个职位的情况。

面试时间是在下午。我应聘的职位是软件技术支持工程师。跟我一起面试的大约有三十人，先要做一份英语水平测试，试题难度接近大学英语四级。测试结束后是五个人一组做游戏，一个游戏是将一张A4纸剪成一个圈，让组员都可以钻过去；另外一个是盲哑队伍游戏，两人一组，盲人扮演者（戴着眼罩）被哑巴扮演者带领着走过一段坎坷的道路到达指定地点，哑巴扮演者要保护盲人扮演者不受伤害，且整个过程不能说话。在做游戏的过程中，几位部门经理在旁边静静地看着。在每个人发表了简短的“游戏感言”后，第一轮面试就结束了。

第二天，我接到了第二轮面试的电话通知。据说是在做游戏的时候，一位部门经理看中了我。我被带到了一间会议室，正式开始了“二面”。我和这位经理互相打量了一下，心里都在盘算对方的心思。他问了一些常规问题，我都中规中矩地做了回答，这些问题的答案我已经烂熟于心，因此在自信回答的同时还适当加了微笑的表情，部门经理微笑着点点头，我心里暗暗地觉得自己的表现还不错。几分钟后，我已经猜到他大概需要干练、聪明、积极的员工了。在之后的谈话中，我也在努力给他这样的印象。又过了大概二十分钟，在一番看似寒暄实则紧张的谈话后，他微微一笑，问我期望工资是多少。

这个时候，我知道我距离“三面”已经不远了。跟部门经理的谈话结束了，离开房间的时候，我抢先一步去开门，请他先走。

在回家的路上，我接到人力资源部打来的电话，说我表现很不错，决定给我“三面”的机会，时间定在三天后的下午。“三面”是最终面试，要和这家公司技术中心的总经理聊天，他才是最终决定是否要雇用我的人。

“三面”那天，我被一个穿着职业装的女士带到一间办公室，对面就是总经理。我快速地打量了一下面前这位安详沉稳的中年人。一见我进来，他马上笑脸相迎，我也报以微笑，同时保持警觉。因为我知道，这是职业化的微笑，并不意味着什么。“请你谈一下我们这个行业的发展趋势和前景”“你对应聘岗位的了解有多少”“这个职位最吸引你的地方是什么”……他的一连串发问，使我乱了阵脚，不禁冷汗直流，只能硬着头皮回答。虽然他一直保持平缓的语速，但我能看到他的眉头越皱越紧，和蔼的眼神愈发犀利。每次回答完问题后，他都会问我为什么会这样，为什么会那样，一副刨根问底的样子。我隐隐觉得这不是好兆头。

最后一个问题是用英语介绍家乡。他听我讲完之后，微微一笑说，你还有什么问题要问？于是我就问了事先准备的几个问题。“三面”结束，从公司办公楼出来，我心想，没戏了。几天后，拒信果然来了，收到拒信的那一刹那，我心里难受极了。毕竟一开始是抱着很大希望的，好在这种感觉持续时间不长，我告诉自己，这并不算什么，以后还会有很多机会。

你知道案例中的应聘者为什么没有被录用吗？

____

____

____

____

____

知识目标：世界上没有完全相同的两片树叶，每个人都是独一无二的，每个公司也各有千秋，公司的用人标准必然也会有所不同。所以，为了在面试中能够沉着应对，在面试前的准备中，我们应充分地了解将要应聘的公司背景及职位情况。

人的性格与职业有着密切的关系，不同职业对从业者性格特征的要求有着一定差距，预知自己的职业性格有助于选择适合个人发展的职业。

完成职业性格自测，认识自我的职业性格，了解适合自己从事的工作。

《职业性格自测》任务书

任务	任务要求	组员姓名	任务分工
完成职业性格自测问卷，了解自己的职业性格	通过小组讨论的方式，分析组员的职业性格，由各组代表分别发言	组长：	统筹全组工作
		发言代表：	代表小组发言
		智囊团：	出谋划策，提供意见

请根据对每题的第一印象作答，不必仔细推敲，答案没有好坏、对错之分。具体填写方法是，根据自己的情况，如果选择"是"，请打"√"，选择"否"，请打"×"。

1. 我喜欢把一件事情做完后再做另一件事情。（　）
2. 在工作中我喜欢独自筹划，不愿受别人干涉。（　）
3. 在集体讨论中，我往往保持沉默。（　）
4. 我喜欢做戏剧、音乐、歌舞、新闻采访等方面的工作。（　）
5. 每次写信我都一挥而就，不再重复。（　）
6. 我经常不停地思考某一问题，直到想出正确的答案。（　）
7. 对别人借我的和我借别人的东西，我都能记得很清楚。（　）
8. 我喜欢抽象思维的工作，不喜欢动手的工作。（　）
9. 我喜欢成为人们注意的焦点。（　）
10. 我喜欢不时地夸耀一下自己取得的成就。（　）
11. 我曾经渴望有机会参加探险。（　）
12. 当我独处时，会感到更愉快。（　）
13. 我喜欢在做事情前，对其做出细致的安排。（　）
14. 我讨厌修理自行车、电器一类的工作。（　）
15. 我喜欢参加各种各样的聚会。（　）
16. 我愿意从事虽然工资少，但是比较稳定的职业。（　）
17. 音乐使我陶醉。（　）
18. 我办事很少思前想后。（　）
19. 我喜欢经常请示上级。（　）
20. 我喜欢需要运用智力的游戏。（　）
21. 我很难做那种需要持续集中注意力的工作。（　）
22. 我喜欢亲自动手制作一些东西，并从中得到乐趣。（　）
23. 我的动手能力很差。（　）
24. 和不熟悉的人交谈对我来说毫不困难。（　）
25. 和别人谈判时，我总是很容易放弃自己的观点。（　）
26. 我很容易结交朋友。（　）
27. 对于社会问题，我通常持中庸的态度。（　）
28. 当我开始做一件事情后，即使碰到再多的困难，我也要执着地干下去。（　）
29. 我是一个沉静而不易动感情的人。（　）
30. 工作时，我尽量避免干扰。（　）
31. 我的理想是当一名科学家。（　）
32. 与言情小说相比，我更喜欢推理小说。（　）
33. 有些人太霸道，有时明明知道他们是对的，我也要和他们对着干。（　）
34. 我喜欢幻想。（　）
35. 我总是主动地向别人提出自己的建议。（　）
36. 我喜欢使用工具。（　）
37. 我乐于帮助别人排解痛苦。（　）
38. 我更喜欢刺激的比赛或游戏。（　）
39. 我喜欢按部就班地完成要做的工作。（　）
40. 我经常换不同的工作来做。（　）
41. 我总留有充裕的时间去赴约会。（　）
42. 我喜欢阅读自然科学方面的书籍和杂志。（　）
43. 如果掌握一门手艺并能以此为生，我会感到非常满意。（　）
44. 我渴望当一名汽车司机。（　）
45. 听别人谈"家中被盗"一类的事，很难引起我的同情。（　）
46. 如果待遇相同，我宁愿当商品推销员，而不愿当图书管理员。（　）
47. 我讨厌与各类机械打交道。（　）
48. 我小时候经常把玩具拆开，把里面看个究竟。（　）
49. 当接受新任务后，我喜欢以自己的独特方法去完成它。（　）
50. 我有文艺方面的天赋。（　）
51. 我喜欢把一切安排得整整齐齐、井井有条。（　）
52. 我曾渴望成为一名教师。（　）

（续）

53. 和一群人在一起的时候，我总想不出恰当的话来说。（ ） 54. 看情感影片时，我常禁不住眼眶泛红。（ ） 55. 我讨厌学数学。（ ） 56. 在实验室里独自做实验会令我感到寂寞。（ ）	57. 对于急躁、爱发脾气的人，我仍能以礼相待。（ ） 58. 遇到难解答的问题时，我常常放弃。（ ） 59. 大家公认我是一名勤劳踏实、愿为大家服务的人。（ ） 60. 我喜欢在人事部门工作。（ ）
职业人格的类型	符合以下“是”或“否”答案的记1分，不符合的记0分 传统型：是（7，19，29，39，41，51，57），否（5，18，40） 现实型：是（2，13，22，36，43），否（14，23，44，47，48） 研究型：是（6，8，20，30，31，42），否（21，55，56，58） 企业型：是（11，24，28，35，38，46，60），否（3，16，25） 社会型：是（26，37，52，59），否（1，12，15，27，45，53） 艺术型：是（4，9，10，17，33，34，49，50，54），否（32） 将得分最高的三种职业人格的类型从高到低排列，得出一个（或两个）三位组合答案，再对照《人格类型与职业环境的匹配》和《测试结果与职业匹配对照表》得出人格类型所匹配的职业

人格类型与职业环境的匹配

人格类型	人格倾向	典型职业
现实型R	具有顺从、坦率、谦虚、自然、坚毅、实际、有礼、害羞、稳健、节俭的特征，表现为： 1. 喜爱现实型的职业或情境，宜从事所喜好的活动，避免社会性的职业或情境。 2. 用具体实际的能力解决工作及其他方面的问题，较缺乏人际关系方面的能力。 3. 重视具体的事物，如金钱，权力、地位等	工人、农民、土木工程师
艺术型A	具有复杂、想象、冲动、独立、直觉、无秩序、情绪化、理想化、不顺从、有创意、富有表情、不重实际的特征，表现为： 1. 喜爱艺术型的职业或情境，避免传统性的职业或情境。 2. 富有表达能力和直觉，独立、具有创意、不顺从，并重视审美的领域（包括表演、写作、语言）	诗人、艺术家
社会型S	具有合作、友善、慷慨、助人、仁慈、负责、圆滑、善社交、善解人意、说服他人、理想主义等特征，表现为： 1. 喜爱社会型的职业或情境，避免现实性的职业或情境，并以社交方面的能力解决工作及其他方面的问题，但缺乏科研能力。 2. 喜欢帮助别人、了解别人，有教导别人的能力，且重视社会与伦理的活动与问题	教师、辅导人员
企业型E	具有冒险、野心、独断、冲动、乐观、自信、追求享受、精力充沛、善于社交、获取注意、具有知名度等特征，表现为： 1. 喜欢企业型的职业或环境，避免研究型的职业或情境，能以企业方面的能力解决工作或其他方面的问题。 2. 有冲动、自信、善社交、知名度高、有领导与语言能力，缺乏科研能力，但重视政治与经济上的成就	推销员、政治家、企业家

（续）

人格类型与职业环境的匹配		
人格类型	人格倾向	典型职业
传统型C	具有顺从、谨慎、保守、自控、服从、规律、坚毅、实际稳重、有效率、但缺乏想象力等特征，表现为： 1. 喜欢传统型的职业或环境，避免艺术型的职业或情境，会以传统的能力解决工作或其他方面的问题。 2. 喜欢顺从、规律，并重视商业与经济上的成就	出纳、会计、秘书
研究型I	具有分析、谨慎、批评、好奇、独立、聪明、内向、条理、谦逊、精确、保守的特征，表现为： 1. 喜欢研究型职业或情境，避免企业型职业或情境。 2. 用研究能力解决工作或其他方面的问题	科研人员、数学家、生物学家

测试结果与职业匹配对照表
RIA：口腔医学技师、陶瓷工艺师、模型制作工、建筑工程技术人员、链传动部件制造工。 RIS：中式烹调师、西式烹调师、森林培育工程技术人员、跳水运动员、潜水员、染色师、家用电子电器产品维修人员、眼镜定配工、电工电器工程技术人员、服务员、焊接工程技术人员。 RIE：建筑工程技术人员、环境保护工程技术人员、航空工程技术人员、道路和水上运输工程技术人员、电力工程技术人员、机械工程技术人员、信息和通信工程技术人员、矿山工程技术人员、自动控制工程技术人员、海洋工程技术人员、制图员、家政服务员、计量员、农业工程技术人员、无线电航标操作与维护工程技术人员、汽车维修工、钟表及计时仪器制造工、铸管工。 RIC：船舶甲板设备操作工、制帽工、石雕工、汽车装调工、缝制机械装配调试工、钟表及计时仪器制造工、修鞋工、锁具制作工、电子电气产品检验员、电梯安装维修工、钢琴调律师、印刷复制工程技术人员、道路货运汽车驾驶员。 RAI：工艺品雕刻工、模型制作工、手工木工、皮革化学工程技术人员、抽纱刺绣工、绒线编织拼布工、印刷人员、印后制作员。 RSE：消防员、人民警察、保卫管理员、美发师、保洁员、畜禽屠宰加工工、锻造工、管道工、客运车辆驾驶员、装卸搬运工、地质勘探工程技术人员、体育健身和娱乐场所服务人员。 RSI：纺织工程技术人员、竹藤师、职业院校教师（如教授艺术、商业、技术课程的教师）。 REC：家政服务员、实验动物养殖员。 REI：船舶引航员、船舶甲板设备操作工、化工实验工程技术人员。 RES：旅店服务员、家畜饲养员、水产养殖技术人员、渔网具工、船舶水手、农机驾驶操作员、公共游览场所服务员、水上救生员、导游、铁路自轮运转设备工。 RCI：摄影测量员、水文勘测工、农业工程技术人员、皮革化学工程技术人员、石灰煅烧工、陶瓷烧成工、矿物采选人员、爆破工、电池及电池系统维修保养师、磨工、农产品食品检验员、纺纱工、工艺染织品制作工、电焊工、刨插工、制帽工、缝纫工、油漆工、染色师、保健按摩师、船舶木匠、电影放映员。 RCS：城市公共汽电车司机、船舶水手、康乐服务员、裁缝、混凝土工程技术人员、爆破工程技术人员、邮政投递员、矿物采选人员、裱糊工人、纺纱工。 RCE：起重工、邮件分拣员、农机驾驶操作员。 IAS：经济学研究人员、心理学研究人员、哲学研究人员、内科医师、数学研究人员。 IAR：天文学研究人员、化学研究人员、物理学研究人员、病理科医师、禽兽类动物标本采集制作工。 ISE：营养配餐员、消防监督检查员、快件处理员。 ISC：家用电子电器产品维修人员、法医、文献信息专业人员、生化检验员。

（续）

测试结果与职业匹配对照表
ISR：生物学研究人员、眼科医师、口腔科医师、中医骨伤科医师。
ISA：心理学研究人员、皮肤科医师、精神科医师、妇产科医师、眼科医师、耳鼻咽喉科医师、病理科医师、护理人员。
IES：生物学研究人员、化学研究人员、地球科学研究人员、纺织工程技术人员、药剂员。
IEC：档案数字化管理师、精算专业人员。
ICR：产品质量检验工程技术人员、地球科学研究人员、法官、图书馆服务员、进出境动物和植物检验检疫人员。
IRA：地球科学研究人员、物理学研究人员、生物学研究人员、地震工程技术人员、气象工程技术人员、统计专业人员、外科医师、城乡规划工程技术人员。
IRS：物理学研究人员、农业科学研究人员、生物学研究人员、食品工程技术人员、园艺技术人员、病理科医师、药师、临床检验科医师、医学遗传科医师、质量控制工程师、地球科学研究人员、兽医、肿瘤放射治疗技师。
IRE：皮革化学工程技术人员、纺织工程技术人员、方便食品和罐头食品加工人员、材料工程技术人员、电气工程技术人员、土木工程建筑施工人员、航空工程技术人员、冶金工程技术人员、陶瓷制品制造人员、水工环地质工程技术人员、口腔科医师。
IRC：飞行领航员、飞行驾驶员、农业技术指导人员、矿山安全防护工、照相器材维修工、嵌入式系统设计工程技术人员、仪器仪表维修工。
CRI：速录师、会计专业人员、铸造工、打字员。
CRS：档案专业人员、缝纫工、收银员。
CRE：理货员、地质实验员、广告合规审查员、打字员、缝制机械装配调试工。
CIS：服务人员、报刊业务员、不动产测绘员、保险专业人员、会计专业人员、鉴定估价师、快件处理员。
CIE：打字员、统计专业人员、采购员、校对员。
CIR：校对员、设备点检员。
CSE：飞行通信员、客运售票员、旅店服务员、政务服务办事员。
CSR：货运代理服务员、轨道交通运输服务人员、消防通信员、速录员、银行国库业务专业人员。
CSA：秘书、图书馆服务员、行政办事员、政务服务办事员。
CER：邮政投递员、商务数据分析师、行政办事员、政务服务办事员。
CEI：营销员、互联网营销师、经济学研究人员。
CES：会计、秘书、速录员。
ECI：银行行长、审计专业人员、信用管理师、物业管理师。
ECS：信用管理师、保险专业人员、采购员、营销员、会计。
ERI：物业管理师、工业工程技术人员、护士长、企业负责人。
ERS：仓储管理员、物业经营管理专业人员。
ERC：企业负责人、事业单位负责人、渔船船长、救援机械操作领班、机械木工领班、砌筑工领班、无人机驾驶员领班。
EIR：数字出版编辑、项目管理工程技术人员。
EIC：专利代理专业人员、鉴定估价师、安检员。
EIS：军官（警官）、网络安全咨询员、物业经营管理专业人员、企业负责人。
EAS：法官、律师、公证员。
EAR：会展场馆管理师、播音员。
ESC：美发师、裁判员、人民检察院负责人、银行国库业务专业人员、水利工程管理工程技术人员、商品营业员、职业病科医师、人力资源管理专业人员、轨道交通调度员。

（续）

测试结果与职业匹配对照表	
ESR：客运车辆驾驶员、护士长、国家行政机关负责人。 ESI：碳排放管理员、公墓管理员、市场管理员、体育场馆管理员、智能楼宇管理员、网络安全管理员、景区运营管理师、商务咨询服务人员、康复辅助技术咨询师、商品营业员、批发商、道路运输调度员。 ESA：图书馆馆长、乐器营销员、广告商、书画营销员、导游、民航乘务长、民航乘务员、船舶水手、法官、律师。 ASE：导演、舞蹈教师、广告设计师、文学作家、文字记者、电影电视演员、翻译。 ASI：音乐教师、美术教师、音乐指挥、歌唱演员、乐器演奏员、文学作家、模特。 AER：电影电视摄影师、音像师、美工师、戏剧戏曲演员、杂技魔术演员、跳水运动员、电视摄像员。 AEI：音乐指挥、演出监督、导演。 AES：歌唱演员、舞蹈演员、导演、节目主持人、舞蹈教师、杂技魔术演员、电影电视演员、皮影戏木偶戏演员、模特。 AIS：画家、剧作家、编辑、摄影记者、电影电视演员、文学作家。 AIE：花艺环境设计师、服装设计人员、工艺美术专业人员、民间工艺品艺人（如制作剪纸、风筝、皮影、蛋雕、微雕等的艺人）、雕塑翻制工。 AIR：建筑和市政设计工程技术人员、画家、商品摄影师、制图员、雕刻家、花艺环境设计师、包装设计师、抽纱刺绣工、陶瓷产品设计师、动画设计人员。 SEC：退役军人事务员、工商联负责人、教育学研究人员、旅店经理、客户服务管理员。 SER：教练员、游泳指导。 SEI：学校校长、学院院长、医院行政事务处理人员、历史学研究人员、高等职业学校教师。 SEA：体育场馆管理员、银行国际业务专业人员、社会工作者、社会组织专业人员、科技咨询师、心理咨询师、宗教教职人员。 SCE：司法所业务助理员、科研助理、劝募员、公共场所卫生管理员、餐厅经理、港口售票员、民航售票员。 SRI：外科医师助手、医疗临床辅助服务员。 SRE：体育教师、职业病科医师、教练员、运动员、幼儿园教师、人民警察、家政服务员。 SRC：护理人员、医院保洁员、美发师、保育师。 SIA：心理学研究人员、心理咨询师、高等学校或学院系主任、高等学校教师（如教授教育学、农业、法律、建筑工程、数学、医学、物理学、生命科学等专业的教师）。 SIE：中医营养医师、临床营养技师、安检员、消防监督检查员、税务局行政执法员、校长。 SIC：制图员、兽医助理、医师助理、社群健康助理员、滑雪指导员、潜水指导员、人民警察、管理咨询专业人员、科学教师。 SIR：针灸医师、矿山救护工、外科医师、职业病科医师。	
师生总结	

任务

任务描述

如果你准备申请某家公司的工作机会，一定要事先了解该公司的情况，包括其企业文化、业务特点和工作要求等，了解得越多越好。这样你才能对这家公司和目标工作有一个清晰真实的认识。有些公司表面上看起来不错，其实工作压力很大；有些公司名气很大，但对员工十分严格。如果事先不了解清楚，好不容易应聘成功，得到的却是失望和后悔。

任务实施

根据任务完成的情况，如实填写任务书。

《一次面试经历》任务书

任务	任务要求	组员姓名	任务分工
分析案例，指出应聘者落选原因	通过小组讨论的方式，分析应聘者落选的原因，由各组代表分别发言	组长：	统筹全组工作
		发言代表：	代表小组发言
		智囊团：	出谋划策，提供意见
应聘者失利的主要原因是什么			
应聘者的失利可以如何避免			
师生总结			

我的放大镜

面试是基于职位胜任素质的甄选。人的素质是多层面的，不同的职位都有与之相匹配的胜任素质。最早的涉及胜任素质研究是美国著名心理学家、哈佛大学教授麦克里兰（MeClelland）博士于1973年提出的冰山模型（Iceberg Model）。该模型将人个体素质的表现划分为表面的冰山以上部分和深藏的冰山以下部分。其中，冰山以上部分包括知识和技能，是人外在的、容易了解与测量的部分；相对而言，这部分比较容易通过培训来发展。而冰山以下部分包括综合能力、个性特征、动机和价值观，是人内在的、难以测量的部分；它们不容易通过外界的影响而改变，但却对人的行为与表现起着关键性的作用。

冰山模型
Iceberg Model

了解面试的本质后，求职者应树立正确的职业理想，选择适合自己的职业及企业，研究并搜集企业相关资料，做到知己知彼。

知识点一：如何树立正确的职业理想

1. 了解自己——你能做什么

俗语说：知己知彼，百战不殆。思考我们的职业未来，必须从自身出发，在全面认识自己的基础上进行合理的定位。

2. 了解职业——要你干什么

并非所有的职业都适合你，你也并非能胜任所有的职业岗位。 每种职业都有与之相适应的职业能力要求。

3. 了解社会——让你干什么

职业的存在和发展与社会的需求是紧密联系的。了解社会的需求是成功择业并就业的关键。

知识点二：研究企业的相关资料

求职者必须研究求职公司相关的各种资料。例如，公司成立的背景、创立的时间、营业场所、经营业绩、行业地位、经营理念、公司规模、发展趋势、公司产品、市场定位和占有率、主要客户、发展概况，以及公司负责人和组织成员的名单，甚至包括公司最近的新闻媒体报道等。只有了解这些情况，你才会对该企业有更全面的认识，才可以使面试的话题更深入，面试官才会了解你的用心，并对你刮目相看。接到面试通知后，应提前查清交通路线，并留出充裕的时间，以免迟到。

知识点三：搜集企业资料

搜集企业资料的途径很多。例如，查找该企业发布的招聘广告，浏览企业网页等。首先，从原始招聘广告获取相关信息；求职者在投寄简历后，应该把每个企业的招聘广告都整理记录下来，以便在收到企业的面试通知时进行查阅，避免张冠李戴。查阅的同时要回顾该企业的背景情况（一般在招聘广告中有所说明），同时应回顾当时应聘的是什么职位，以及该职位的具体要求等。其次，从媒体报道中搜索企业相关信息。媒体报道往往会涉及该企业最近的经营动向、经营业绩、人事变动等内容。最后，从互联网获取相关信息。互联网已全方位地融入我们的工作和生活中，只要在互联网上搜索该企业的名称，就会找到相关的资料。

我的记事本

我的储蓄罐

在招聘时，企业一定会考虑到求职者的专业程度、稳定性和忠诚度。因此，面试官往往会设置“你对我们公司了解吗？”这样的问题来考查求职者对本企业、行业是否熟悉，是不是真心想加入本企业。同时，一些企业在面试时，会故意提出一些难题，对求职者进行压力面试。

一、谈谈你对本行业的认识

解析：求职者对自己有志加入的行业应该有深入的认识，这样才能在面试时应对自如。若要面试官相信求职者对某行业确实兴趣浓厚，求职者不但要对本行业有基本的认识，还必须了解本行业的现状及将来的发展趋势和前景，如果求职者不能提出客观的证据或资料来支持自己的说法，便无法打动面试官。

收集行业资料有很多种方法，与行业资深人士交谈是一个直接又有效的方法。

行业资深人士不仅深入了解行业近况，而且对行业的苦与乐都有切身体会。如果求职者打算入行的话，不妨多接触一些该行业的人，听听他们的亲身感受。这些都对应对面试的问题有很大的帮助。倘若面试官提出“你为什么认为该行业最适合你”的问题时，上述资料将派上用场。

求职者也可以通过阅读文献来搜集更多各行业的发展近况，特别是申请更高级别的行政或管理职位时更需要注意这些方面的资料。面试官可能要求求职者对本行业在当地及国内外的情况有一定的了解。因此，在面试之前，求职者应该经常留意行业相关的新闻报道并参考相关的专业期刊。

二、谈谈你对应聘岗位的理解

解析：应对这类问题，只能在面试前下好功夫，倘若求职者能够预先多掌握一些资料，将令面试官另眼相看，认为求职者加入该企业的诚意是毋庸置疑的。如果求职者对所应聘的职位的性质、工作内容和所需专业知识了如指掌的话，面试官会相信求职者比较适合所应聘的职位。

要搜集有关企业的资料，最简单的办法是参考企业发布的年报或业绩简报。上市企业每年必须公布其业绩和业务状况；国有企业和国营企业通常每年会向政府提交详细的运营报告。政府各部门的资料在政府的新闻部门均可获得。了解一个企业的最好办法是找到该公司的职员，向他们询问。如果有熟识的朋友可以请教，就更有利了。

去不同类型的企业面试要注意企业的特色、办事风格及管理方式，这些因素都会直接影响其招募人才的策略及形式。

面试前如能了解清楚所应聘的职位在企业中的功能及作用，会帮助求职者更加详细地了解该职位的工作范畴及职责，而且对将来可能的职业发展前景及公司管理结构更为清楚，这些不但能使求职者的面试表现更加出色，而且为求职者是否决定加入该企业提供了有用的参考。

三、谈谈这个职位最吸引你的地方是什么

解析：此类问题在于考查求职者对应聘企业和职位的看法，以及求职者有无充分的准备。求职者的回答应使面试官确认求职者具备所应聘职位要求的素质，且求职者也对这份工作充满了兴趣与期待。求职者一定要列举3～4个强有力的例子说明，但尽量避免回答“这个职位薪资待遇较高”等，可以回答诸如“这个职位拥有广阔的发展空间”“这个职位可以经常接触客户，有利于提升自己的社交能力”等。

经过今天的学习，相信大家已经掌握了不少知识。下面通过面试情景演练检验学习的成果，了解下一步需要努力的方向。

你言我语

两人一组分别扮演面试官、求职者，求职者预设求职岗位与求职企业，在面试题目下，填写答题思路，面试官向求职者提问下面的面试题目，求职者回答后总结面试策略。

面试问答解析

面试试题拓展

求职岗位：__________ 求职企业：__________

面试官：你是否了解我们公司？

求职者：____________________

面试官：你为什么求职这个岗位？

求职者：____________________

面试官：你还有什么问题需要我解答？

求职者：____________________

面试策略：____________________

我思我想

我早就为贵公司工作了

深圳有一家知名企业招聘高层管理人员，丰厚的薪水、优越的待遇吸引了众多人士前来应聘，其中不乏硕士、博士，甚至是同行业中的其他知名职员。但意外的是，最后胜出的却是一位只有大专学历，也从来没有相关工作经历的无名小卒。在谈到何以制胜时，这位应聘者道出招数："这家公司的招聘广告在《深圳特区报》一登出来，我就着手对该公司所有的产品做了细致的市场调查，从市场份额、产品结构到竞争对手等各方面的情况我都了解得清清楚楚，因而提出的建议和制订的规划也是切实可行的。公司还没请我，我就为这家公司工作了，它不请我又请谁呢？"

案例中应聘者的制胜法宝是什么？谈谈本案例对你的启示。

在面试前的准备中，为了使面试更有针对性，填写下面的信息帮助你整理目标职位和目标公司的情况。

目标公司名称：________________

所属行业：________________　规模：________________

性质（国有/民营/集体所有/独资/合资）：________________

发展速度：________________

行业排名和影响力：________________

公司文化：________________

主要产品或服务：________________

公司客户：________________

竞争对手：________________

与竞争对手相比，该公司独特的地方：________________

该公司吸引我的地方：________________

如果加入该公司，三年之后我能得到的发展：________________

目标职位信息：________________

职位名称：________________

备选职位：________________

目标职位需要完成的工作任务：________________

目标职位所需要的学历：________________

目标职位所需要的素质和知识：________________

目标职位在公司所在地区的薪酬待遇水平：________________

目标职位与其他职位的区别：________________

目标职位吸引我的地方：________________

搜一搜企业文化

请从各种媒体或其他途径搜集国有企业、民营企业、外资企业、合资企业的企业文化，并填写以下信息。

国有企业文化：____
____
____
____。

民营企业文化：____
____
____
____。

外资企业文化：____
____
____
____。

合资企业文化：____
____
____
____。

请谨记：
第一印象非常重要
求职简历制胜法宝
知己知彼势在必行

项目二　有备而来——精制求职资料

一、任务布置

招聘启事

××活动中心招聘4名行政助理，要求如下：

1. 职位描述

（1）负责来访者接待、登记以及电话接听工作。

（2）负责学员资料的分类归档和管理。

（3）负责潜在客户个人信息录入、归类，为课程顾问的电话销售工作提供支持。

（4）协助处理其他日常行政事务。

2. 任职要求

（1）大专及以上学历。

（2）主动、积极的学习态度；有亲和力、个性开朗、应变能力强。

（3）具备良好的服务意识，能够礼貌应答电话，具备良好的沟通能力。

（4）认真、负责、能有条不紊地处理繁琐的事务；具备良好的团队合作精神。

（5）能熟练使用Office办公软件，熟悉互联网搜索功能，具备中英文双语打字能力。

有教育培训类前台接待的相关工作经验者尤佳。

电子商务2班的王莉莎同学向该活动中心投递了简历：

王莉莎

求职意向：行政助理 岗位

基本信息

出生年月：2001.09

籍贯：广东潮州

通信地址：广州市 XX 职业学院

健康状况：良好

专业：电子商务

联系方式

手机：138 2202 XXXX

邮箱：XXXX XXXX@qq.com

掌握技能

外语技能：公用英语 2 级，熟练英语读、说、译

软件技能：Word、Excel、PowerPoint、WPS、Photoshop、剪映、Dreamweaver、Fireworks

教育经历

2020 年 9 月-2023 年 7 月　广州市 XX 职业学院　电子商务

能使用 Photoshop 进行切图，修改图片大小，调整图片亮度、光感等基本操作；熟练使用 Word 和 Excel；掌握 Dreamweaver 和 Fireworks 软件使用方法，能胜任修改网页的工作；掌握基本的 html 代码，做页面代码的调整；掌握经济学、管理学的相关知识。

专业证书：全国计算机 Visual FoxPro 二级

2017 年 9 月-2020 年 7 月　广州市 XX 中学

学校成绩排名前 30%，在学校担任班长，组织班会。

比赛证书：校级英语演讲比赛二等奖

工作经历

2022 年 7 月-2023 年 9 月　广州市 XX 职业学院　学生会学习部部长

组织并策划讲座、辩论赛、知识竞赛等大型活动。负责讲座、大赛流程的策划，嘉宾的邀请与接待，具备良好沟通能力。

2020 年 7 月-2021 年 9 月　广州市 XX 职业学院　班级学习委员

组织、督促班级学生的日常学习，开展班级学生阅读互助活动，协助专业课教师收发作业。

获奖情况

2020 年-2021 年	**广州市 XX 职业学院优秀班干部**
	广州市 XX 职业学院二等奖学金
2021 年-2022 年	**广州市 XX 职业学院一等奖学金**
2022 年-2023 年	**广州市 XX 职业学院三好学生**

自我评价

已具备较为扎实的专业基础知识。拥有敏锐的观察力、正确的判断力、独立完成工作的能力，以及严谨踏实的工作态度。

性格特点：有亲和力、热情大方，善于与人沟通，耐心且细心。

学习能力：认真踏实、有良好的自学能力，在岗位上能自主学习。

工作能力：有较强的管理能力，勤奋认真，善于合作，能积极完成工作。

如果你是招聘人员，如何评价这份简历？

评价求职文书的测试

1. 求职者是否针对公司的特点对简历进行了“量身定做”？

   A. 是　　B. 否

2. 求职者是否写了求职目标和应聘岗位？

   A. 是　　B. 否

3. 求职者是否了解目标公司？是否了解目标职位？

   A. 是　　B. 否

4. 求职者是否分析了自己的优势和劣势？

   A. 是　　B. 否

5. 求职者的简历是否对自己进行了扬长避短？

A. 是　　　　　　　　B. 否

6. 求职者是否在工作经历中提到了自己曾经的工作职责和工作成果，以及从中学到的技能？

A. 是　　　　　　　　B. 否

7. 求职者是否能通过“获奖情况”来表现自己的优秀？

A. 是　　　　　　　　B. 否

8. 求职者的简历是否超过一页A4纸？

A. 是　　　　　　　　B. 否

9. 求职者是否找过三个以上的人来阅读简历并挑出其中的错误？

A. 是　　　　　　　　B. 否

10. 求职者是否针对公司的特点来制作求职信？

A. 是　　　　　　　　B. 否

11. 求职者是否在求职信中尊敬地称呼对方？

A. 是　　　　　　　　B. 否

12. 求职者是否在求职信中告诉对方自己能够带来的“贡献”？

A. 是　　　　　　　　B. 否

13. 求职者的求职信是否超过一页A4纸？

A. 是　　　　　　　　B. 否

14. 求职者的求职信是否是简历的简单重复？

A. 是　　　　　　　　B. 否

以上评价求职文书的测试，并不是所有问题的答案都是“是”，而是应具体问题具体分析。这个测试可以作为审查求职文书的初级标准。针对上面的测试题反复修改求职文书，才能使求职文书更符合招聘者的要求。

知识目标：有人说简历是“Your Life on a A4 Paper”。这句话的意思有三个方面：第一，如果想要别人通过简历来了解自己，你应该把自己的全部信息都包含在简历里面；第二，这张A4纸可能会改变你一生的命运；第三，你应该把简历的长度控制在一页A4纸以内。

一、… **二、任务实施** 三、… 四、… 五、… 六、…

任务一 任务描述

简历是求职者与公司第一次正式的近距离接触，直接决定着求职者的命运。要知道，招聘者在每份简历上花费的时间只有30秒。你能否在众多的求职者中脱颖而出，获得面试的机会，就要看你的简历能否在这30秒之间抓住招聘者的眼球。

任务实施

根据王莉莎的简历，如实填写任务书。

《精制求职资料》任务书Ⅰ

任务	任务要求	组员姓名	任务分工
阅读简历挑出问题	请指出王莉莎的简历存在的问题	组长：	统筹全组工作
		发言代表：	代表小组发言
		智囊团：	出谋划策，提供意见
如果你是招聘人员，你会给王莉莎面试的机会吗			
王莉莎的简历存在哪些不足			
师生总结			

任务二　任务描述

根据你在准备求职文书过程中的真实情况，完成评价求职文书的测试，并将答案填写于以下任务书中。

任务实施

《精制求职资料》任务书Ⅱ

答案	师生总结
1. ____	
2. ____	
3. ____	
4. ____	
5. ____	
6. ____	
7. ____	
8. ____	
9. ____	
10. ____	
11. ____	
12. ____	
13. ____	
14. ____	

我的放大镜

知识点一：个人简历的内容要求

个人简历会涉及个人信息、工作经历、教育经历、获奖经历、职业技能等。个人信息填写要基于个人的基本情况；工作经历、教育经历、获奖经历、技能等则要根据具体岗位的需求，整理在简历中。

工作经历除了来自工作岗位，还可以结合社会实践活动（兼职、实习）、社会志愿工作、社会团体活动等，主要涉及如下内容：

工作岗位经历	社会实践活动经历
单位名称： 地址： 电话： 邮箱： 任职日期：从　　到 每周工作时长： 薪水： 上司姓名和头衔： 岗位职责： 岗位所需技能： 所取得的成就/荣誉/奖励： 其他重要信息：	单位名称： 地址： 电话： 邮箱： 任职日期：从　　到 每周工作时长： 薪水： 上司姓名和头衔： 岗位职责： 岗位所需技能： 所取得的成就/荣誉/奖励： 其他重要信息：
社会志愿工作经历	**社会团体活动介绍表**
组织名称： 地址： 电话： 邮箱： 每周工作时长： 参与活动的日期：从　　到 上司姓名和头衔： 岗位职责： 岗位所需技能： 所取得的成就/荣誉/奖励： 其他重要信息：	参与活动1： 职务： 参与活动内容： 主要职责： 参与活动2： 职务： 参与活动内容： 主要职责：

教育经历主要涉及如下内容：

高中教育	其他教育经历
学校名称： 地址： 联系电话： 入学与毕业时间： 主要学习内容： 主要科目平均分/班级排名： 获得的奖励和荣誉： 主要课程：	学校名称： 地址： 联系电话： 入学与毕业时间： 主要学习内容： 主要科目平均分/班级排名： 获得的奖励和荣誉： 主要课程：

获奖经历与技能主要涉及如下内容：

获奖经历	技能
奖项名称1： 颁奖方： 颁奖日期： 意义： 其他相关信息： 奖项名称2： 颁奖方： 颁奖日期： 意义： 其他相关信息：	外语能力 语言： □阅读　□书写 □口语交流背景资料（学习年限、旅居时间等） 软件能力 软件： 职业能力 资格证书：

知识点二：优秀简历的基本要求

企业一般都要求应聘者先投纸质简历或发电子简历，并通过简历对应聘者进行初步筛选。那么，如何才能写一份好简历，让自己从千百个应聘者中脱颖而出呢？

一、内容真实

某跨国公司中国区人力资源总监强调，不管是你的知识水平、业务能力，还是你的工作经历，简历的任何一个环节，哪怕是最细小的部分，都要遵循真实的原则，并要执行好“真实”这个原则。在招聘过程中，如果被用人单位发现简历有造假的现象，应聘者的人品道德在招聘人员的心目中就会完全丧失。

二、目标一定明确

某跨国公司校园招聘的负责人表示，尤其是在申请大公司的职位时，一定要在简历最醒目处，明确表述自己希望工作的“目标城市”“目标部门”“目标岗位”。特别是要重视自己理想的职位，然后从专业、技能、经验、兴趣等方面简单分析你对目标职位的优势所在。对自己职位没有明确目标的申请者是最容易被淘汰的对象。

三、内容简洁

简历的内容重在简洁，千万不要把简历写上五六页。一般人力资源部门负责第一轮简历筛选的人面对成百上千份简历，根本没有那么多的时间和精力看一份五六页的简历。据某公司校园招聘的负责人介绍，一般在第一轮筛选简历时，平均来讲，看一份简历最多只有30～40秒的时间。因此，页数太多的简历不容易筛选出关键信息，给招聘人员带来麻烦。建议简历页数最好控制在1～2页内，最多不要超过3页。

一份一目了然的简历，一定要把应聘者的最大特点放在简历最突出的位置，千万不能让筛选简历的人从简历中总结、提炼应聘者的特点。

四、采用倒叙方法

在写简历时，最好采用倒叙方式来写。直接从最近的时间入手，让简历筛选者更容易获得重要的信息。必要时，一些重要信息可以重点处理，但千万不要处理得太花哨，便于阅读是最重要的原则。

五、莫写所有经历

应聘者参加的实践项目以及写的论文等，若无特殊情况不要全部写出来，只需要描述与自己应聘职位的要求相关的经验、经历就可以了。用这些经历来证明应聘者有能力做好目标工作，能胜任目标岗位。

六、不同公司简历不同

公司不相同，企业文化自然有差异。应聘者千万要记住：应聘不同的企业和不同的职位，一定要用不同的简历。这并不是主张应聘者简单地变更一下原来的简历就可以，而是建议应聘者结合要应聘的企业，重新编排简历的内容。

七、不必附加证书

对于在第一轮简历筛选时就附加很多证书的现象，某公司校园招聘的负责人提醒说，千万不要这样做，也无须这样做。最好的做法是：在用人单位通知你参加笔试或面试时，再提交那些与申请职位相关联的证书，而且必须如实提交。

知识点三：细节错误让优秀简历也被拒

简历被拒绝的情况有哪几种呢？换句话来说，我们先来探讨一下，在投递简历的过程中通常要注意的细节。

一、邮件标题平平无奇，甚至简单到形同虚设

很多时候，企业招聘人员是挑着看简历的，哪个标题写得好，就决定先看哪个，因此，标题如何写至关重要！要学会使用关键词，让别人第一眼就看到应聘者的优势，尤其是在网上制作和投递简历时，千万别忘了在求职信里把优势强调一下。

很多人根本没意识到这个问题，或者觉得“酒香不怕巷子深”，只要自己是千里马，就一定会有伯乐相中自己。结果他们的邮件标题写得特别简略，有的写着“应聘××岗位”，最多加个“某某学校某某人”，几乎没什么特色，自然很难给人留下深刻印象。

二、以附件的形式投递简历

由于企业招聘人员的信箱里塞满了各种来信，通常会设置垃圾邮件的自动分类。其中，以附件形式发送的简历往往会被误当成病毒或垃圾邮件。可以说，遇到这种情况是最冤枉的。

所以除非对方有明确要求，否则应聘者一律以正文的形式发送简历，同时邮寄照片、已有作品等文件时也是一样，把它粘贴到邮件正文里就行了。不要因为简历模板很漂亮，就有些“舍不得”。粘贴过来后，如果图片尺寸、表格大小出现比例失调的情况，可适当调整一下。调整后如果不确定是否美观，可以先发到自己的备用邮箱里查看一下显示效果。把阅览效果调整到最佳后再发给招聘单位。

三、求职意向不明确

很多应聘者由于缺乏明确的职业规划，求职意向不明确，认为自己什么都能做，至少能胜任三四种岗位，做简历的时候便把它们全列进去了。事实上，这样的简历是很难归类的，因为一家单位需要招聘的岗位往往不止一个，有不少岗位

的性质相近。如果你列上三四种岗位，好像什么都能胜任，但表现又不突出，结果会适得其反，让人觉得你可能哪一方面都表现平平。应聘者不能指望企业招聘人员帮自己选择职位。这种做法也容易让人怀疑应聘者的求职动机不明确，影响印象分。因此，求职意向一定要在简历中清楚、醒目地呈现，写得越具体越好。

其实，解决办法很简单，投递之前先确认招聘启事上的岗位名称和岗位描述，再按照招聘启事上的岗位名称写明求职意向岗位。

内容简要 + 投递精准 = 好的简历

内容简要：
- 内容真实
- 目标一定明确
- 简洁但有重点
- 采用倒叙方法
- 莫写所有经历
- 不同公司简历不同
- 不必附加证书

投递精准：
- 邮件标题使用关键词
- 勿以附件形式投递
- 求职意向明确

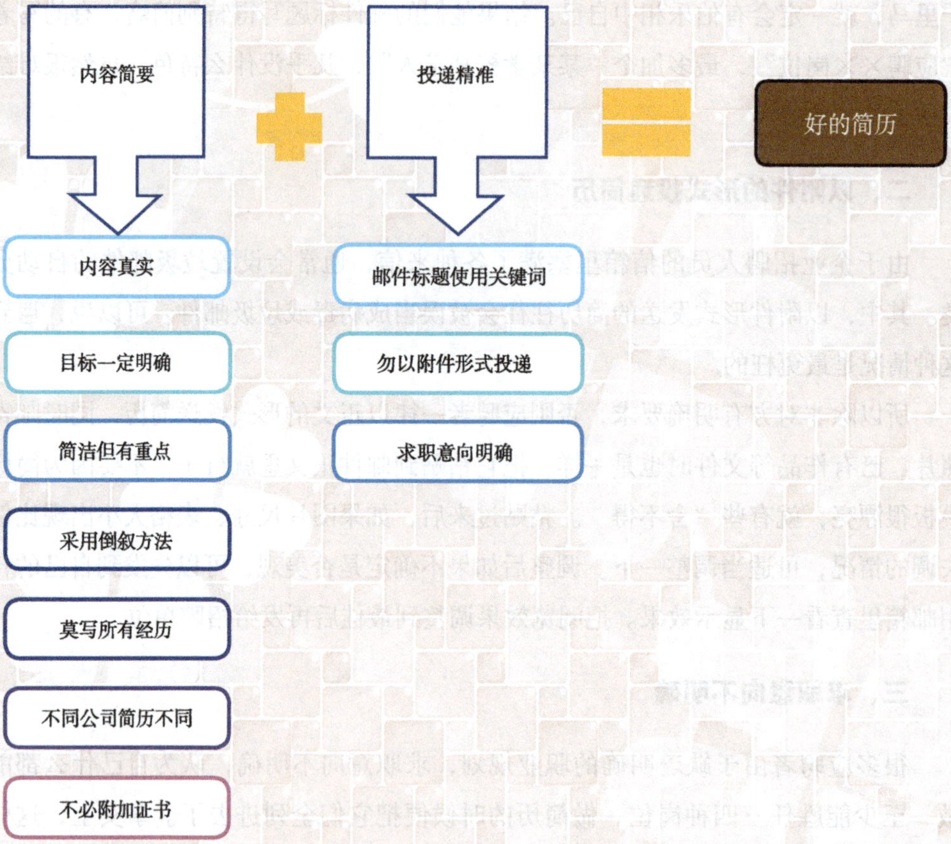

不同的公司、不同的职位对简历的要求有所不同。但一般来说，一份简历应该包括求职者基本的信息和与申请的职位相关的信息。也就是说，一份简历必须包含以下七个方面的内容：

个人信息

这部分的主要作用是让招聘者简单、清楚地知道这份简历是属于谁的。如果招聘者对这位应聘者感兴趣，而且想联系这位应聘者的话，应该很容易通过简历找到应聘者的联系方式。个人信息应该尽量写得简单、扼要、直观、清楚。

求职意向

求职意向的书写要尽量具体，一定要针对应聘的公司和职位，充分表明自己的优势和专长，并尽可能地把选择放到一个具体的职位。

教育背景

学生求职者应该把自己的教育背景放在最醒目的地方，有工作经验的人则应把自己的“工作经历”放在“教育背景”之前。简历中应该注明求职者的专业。

工作经历

这部分内容应该包括：工作经历、社会活动、实习经历及兼职经历等。应聘者应该首先明确地知道目标公司、目标职位需要什么样的能力，然后从自己的经历中挑出相匹配的经历，展示出来。在这部分内容中，要重点突出应聘者的主要工作职责、工作的主要成果和成就，以及从中学到了什么技能或培养了什么素质。

奖励情况

每个学生在求学阶段都或多或少得到过奖励，而且奖励的名目繁多，标准不一。选择奖励填写时，一定要注意奖励的含金量，而且要和申请的职位有关联才是最重要的。

相关技能

这些技能通常由水平考试和职业资格认证来表示和证明。如果应聘者的技能多而杂，一定要注意与工作“相关性”的原则。对未来工作最有用和最直接的相关能力一个也不能少，至于无关的能力，则可以不提。

其他个人信息

这部分主要是书写前面几个部分没有提及的信息。例如，针对职位的要求，通过“个人爱好”来补充说明自己在某些素质、能力上的掌握，或者通过“自我评价”来概括说明自己拥有的目标职位要求以外的其他技能等。

求职信范文

尊敬的人力资源部领导：

您好！

感谢您在百忙之中阅读我的求职自荐材料。下面我将自己的情况向您做一个详细的介绍：

我是××学院××级××专业的学生，将于××××年××月毕业。由于出身××之家，我从小就受到了良好的家庭教育，并对××事业始终充满着极大的热情，殷切地期望为这一事业添砖加瓦，并且在实践中不断学习、进步。诚实正直、勤劳务实是我的原则，多年来的求学生活使我形成了严谨的处事性格和先进的思想观念，并有了独特的思维方式、和谐的人际关系。

三年的学校生活不但进一步提高了我的技能水平和文化修养，而且塑造了良好的心理素质，使我具备了脚踏实地的作风和规范自我的做人原则。在老师的严格教诲及个人的努力下，我具备了扎实的专业基础知识，掌握了多项技能；在每学期的各项考试中都取得了优异的成绩，并于××××年××月以优秀的成绩通过公共英语×级考试；能熟练运用计算机，熟悉Word、Excel等办公软件操作；积极参加学校组织的各项活动，在校运动会上多次取得佳绩。同时，我注重对自己各方面素质、能力的培养，积极参加各种社会活动，抓住机遇，锻炼自己。

平日，我利用课余时间从事××工作，距今已三年整，也曾在××公司××岗位任职，并得到企业认可。贵公司在短短几年内从众多同行企业中脱颖而出，绝非偶然，是凭借了领导卓越的远见及全体员工强大的凝聚力，这也证明了贵公司是一个青年人锻炼和发挥才能的舞台。下页附个人简历，盼面谈！我以满腔的热情寻求属于自己的理想职置，将以昂扬的斗志奋发于我所追求的事业。

此致

敬礼

自荐人：×××

××××年××月××日

四、任务反馈

经过今天的学习，相信大家已经掌握了不少知识。下面通过面试情景演练检验学习的成果，了解下一步需要努力的方向。

你言我语

两人一组分别扮演面试官、求职者，求职者预设求职岗位与求职企业，在面试题目下，填写答题思路，面试官向求职者提问下面的面试题目，求职者回答后总结面试策略。

面试问答解析

面试试题拓展

求职岗位：__________　　求职企业：__________

面试官：你参加了哪些课外活动？

求职者：______________________________

面试官：你最不擅长的课程有哪些？

求职者：______________________________

面试官：你的优点和缺点有哪些？

求职者：______________________________

面试策略：______________________________

____

____

我思我想

求职信是否重要

有人说，求职的关键不在于求职信，而在于一份得体的简历和良好的面试表现。其实，就是自己要有真本事。

1. **请说说你对这种观点的看法。**

____

____

____

____

____

____

____

2. **求职信有什么作用？它可以是求职简历的简单重复吗？**

____

____

____

____

____

____

____

（照　片）
求职意向：________岗位
基本信息
出生年月：
籍贯：
民族：
通信地址：
政治面貌：
专业：
联系方式
手机：
邮箱：
掌握技能
外语技能：
软件技能：
____技能：
教育经历
时间：　学校：　专业：
掌握技能、专业排名：
职业资格证书：
时间：　学校：　专业：
掌握技能、专业排名：
职业资格证书：
工作经历
时间：　地点：　职务：
工作内容及收获：
时间：　地点：　职务：
工作内容及收获：
获奖情况
时间：　奖项：
时间：　奖项：
时间：　奖项：
时间：　奖项：
自我评价
性格特点：
学习能力：
工作能力：

1. 请根据个人简历必备的七项内容，设计一份简历模板。要求内容齐全，结构合理，排版清晰。

2. 参考求职信范文，写作一封自己意向职位的求职信。

项目三 整装待发——提升第一形象

一、任务布置 二、… 三、… 四、… 五、… 六、…

情景一

"学生气"能帮你找到理想的工作吗

李欣怡想应聘办公室文员的职位。她的外形条件是：身高1.6米，微胖，椭圆脸，肤色白皙，脸颊上有一些青春痘，喜欢穿休闲服、运动鞋，长发随意束在脑后，刘海散乱地堆在额头上，并戴着一副黑框的塑料眼镜，显得慵懒、稚气、不精神。假如欣怡是你的好朋友，请你给她的求职面试形象提供一些建议，你会如何帮她打造形象呢？

情景二

"端庄稳重"的求职失败者

何嘉杰刚从学校毕业，准备去应聘广告公司的公关推广职位。因为考虑到自己是应届毕业生，没有经验，所以他选择了一套黑色西装，觉得这样可以让自己看起来成熟一些。没想到面试的时候，招聘主管却对他说："我觉得你的形象'缺少色彩'，不太适合我们广告公司。我们希望公关推广人员也能够为客户传递公司独特的企业文化。"就这样，他被淘汰了。其实，容貌、装扮和气质相加才是形象的总分。

容貌是天生的，但装扮和气质都可以通过后天锻炼来加分。这几项的总分数越高，相应能获得的应聘机会也会更多。但不同的行业和岗位的评分标准是不一样的。

应聘广告公司、时尚杂志与应聘行政部门、文秘工作的形象标准有什么区别？

知识目标： 打造成功的求职形象首先必须了解行业特点和职位要求。应聘银行、政府部门职员和文秘时，穿着必须传统正规。而应聘公关和时尚杂志职员等，则可以适当地在服装上加些流行元素，显示出自己对时尚信息的捕捉能力。仪表修饰最重要的是干净整洁，不要太标榜个性，除了应聘娱乐、影视、广告这些行业外，最好不要选择太过突兀的衣着。

一、…　二、任务实施　三、…　四、…　五、…　六、…

任务一

任务描述

任务实施

我们已掌握了面试不同的行业、岗位的要求，根据需要打造自己的求职形象，其中最为关键的是着装的选择。

根据任务完成的情况，如实填写任务书。

《提升第一形象》任务书Ⅰ

任务	任务要求	组员姓名	任务分工
设计求职形象	通过小组讨论的方式，为李欣怡选择适合的着装、发型及妆容	组长：	统筹全组工作
		发言代表：	代表小组发言
		智囊团：	出谋划策，提供意见
为李欣怡选择合适的着装、发型、妆容	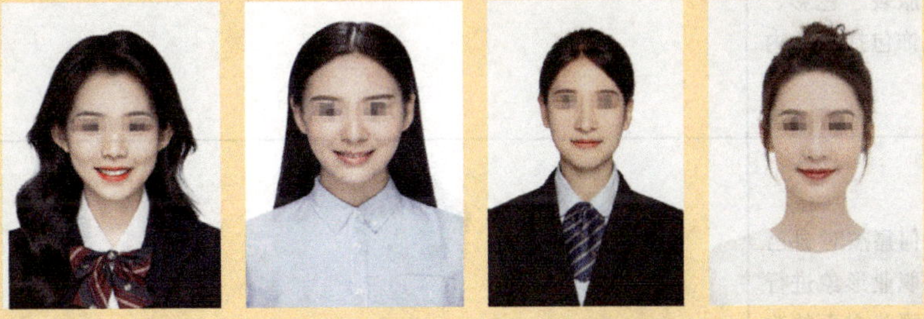		
师生总结			

任务二

任务描述

广告公司的企业文化自由独特，追求灵感、创意、时尚，请帮助何嘉杰改变求职形象，使其符合广告公司的员工形象要求。

任务实施

根据任务完成的情况，如实填写任务书。

《提升第一形象》任务书Ⅱ

任务	任务要求	组员姓名	任务分工
帮助何嘉杰寻找时尚元素	通过小组讨论，提出可行性建议，派代表发言	组长：	统筹全组工作
		发言代表：	代表小组发言
		智囊团：	出谋划策，提供意见
你认为广告公司、时尚杂志社等企业拥有怎样的企业文化			
体现时尚元素的服装、色彩、配饰包括哪些内容			
何嘉杰对自己的职业形象进行了哪些方面的改变	 		
师生总结			

任务三 任务描述

通过前两个任务的学习，请收集应聘企业办公室文员、广告公司公关推广、教育培训机构前台、销售代表这四个不同职位的求职形象图，并粘贴在以下表格中（可在网上收集并打印）。

任务实施

根据任务的完成情况，如实填写任务书。

《提升第一形象》任务书Ⅲ

任务	任务要求	组员姓名	任务分工
寻找最佳求职形象	通过小组合作收集适合各行业的不同求职形象	组长：	统筹全组工作
		智囊团：	出谋划策，提供意见
企业办公室文员			
广告公司公关推广			
教育培训机构前台			
销售代表			

我的放大镜

俗话说，人不可貌相，海水不可斗量。意思是不要以人的外表评价人。但是，在现在的职场上，却万万不可忽视仪容仪表的重要性。没有令人信服的外表，又怎么来吸引别人探究你的能力呢？一个人的衣着打扮代表着他的职业特点与品位。即将踏入职场的人，尤其需要记住这一点。

当你敲门进入面试场所时，招聘者第一眼看到的就是你的衣着打扮，第一印象是非常重要的。印象的形成，85%以上来自非语言信息，让自己看起来端庄、精神、干练，对于求职者能否被录取有着很大的影响。

知识点一：男生面试着装

西装是稳妥和安全的选择。在颜色的选择方面，应聘者最好选择深色的西装，如黑色、灰色和深蓝色，给人以稳重、忠诚、干练的感觉。在面料的选择方面，最好选择天然面料的西装，因为人造织物的光泽和质地给人一种廉价的感觉。在款式的选择方面，体瘦的人适宜穿米色、灰色等亮色，图案为格子或斜纹的西装，这样会显得丰满、强壮；体胖的人则可穿深蓝色、深灰色、深咖色等暗色，图案为竖纹的西装，这样会显得廓形锐利且苗条。

此外，男生还应注意着西装十忌：

一忌西裤短，标准的西裤长度为裤管盖住皮鞋。

二忌衬衫放在西裤外。

三忌衬衫领子太大，领脖间存在空隙。

四忌领带颜色刺目。

五忌领带太短，一般领带长度应是领带尖盖住皮带扣。

六忌不扣衬衫扣就佩戴领带。

七忌西装上衣袖子过长，它应比衬衫袖短1厘米左右。

八忌西装的上衣、裤子口袋内装满东西。

九忌西装配运动鞋。

十忌皮鞋和鞋带颜色不协调。

知识点二：女生面试着装

一般来说，套裙是女生求职着装的首选。在颜色的选择方面，求职者会选择冷色调套裙，如炭黑色、雪青色等。上衣和裙子可以是同色的，也可以采用上浅下深或上深下浅的组合。在面料的选择方面，求职场合穿的套裙应该用高档面料缝制，上衣和裙子要采用同一质地、色彩的素色面料。在款式的选择方面，上衣要平整、挺括、贴身，少用饰物和花边进行点缀；裙子要以窄裙为主，并且裙长要及膝或者过膝。

此外，女生着套裙有四忌：

一忌套裙不合身，上衣最短可以齐腰，其袖长要盖住手腕，裙子最长可以达到小腿的中部。

二忌衣着不整，上衣的领子要翻好，衣袋的盖子要盖好，衣扣要全部系上，裙子要穿得端端正正，切忌当着别人的面随便脱下上衣。

三忌举止不雅，穿上套裙后，站立时不可以双腿叉开，就座时切忌双腿分开过大、翘起一条腿或抖动脚尖。

四忌不穿衬裙，可以选择透气、吸湿、单薄、柔软面料的衬裙，而且颜色应为单色，如白色、肉色。

知识点三：着装得体还不够，必须重视以下细节

1）无论出于什么原因，是否按时到达是考察应聘者时间管理能力的重要指

标。进门前要敲门，这是一个极易被忽略的细节。即使房门虚掩甚至敞开，出于对面试官的尊重，进门前一定也要先敲门。

2）得体的仪容仪表能体现对他人的尊重。职场礼仪通常要求面试者穿正装，男士不留长发，女士发型和发色不夸张。这些对于大多数应聘者来讲，都能做到。但头皮屑和口腔气息这些细节常常被忽视。因此，应聘者在面试前应保持头发干净、口气清新。面试前不吃味重的食品，或清洁口腔，减轻异味。

要想给面试官留下良好的印象，除了职业技能和口才，发型也同样重要。男生的发型较为简单，整洁大方即可，具体要求是前不覆额、后不及领、侧不掩耳。女生如果是短发，只要保持干净清爽、梳理整齐即可；如果是长发，不管是直发还是卷发，都不要披散，应该整齐地盘起来，或梳成简单的马尾辫。要注意发饰不宜过于夸张，最好简单、素雅或者不用发饰。

3）面试时一定要避免转笔、捏袖口等小动作，这样会暴露应聘者的紧张情绪。填好表格后，顺势把笔放在桌上，双手可以叠放在大腿上，有意识地避免不自觉的小动作。

4）面对倒上的茶水，无论是否正在谈话，都应该说声“谢谢”，或点头微笑表示谢意。

5）站起时要注意，不要让椅子与地面摩擦出尖锐的声音，离去时应把椅子归位，将房门关上。

知识点四：面试礼仪

眼神：交流中目光要注视对方，如果不止一个人在场，要经常用目光扫视一下其他人，以示尊重和平等。

坐姿：不要紧贴着椅背坐，坐下后身体应略向前倾。一般以坐满椅子的三分之二为宜。这既可以让你腾出精力轻松应对面试官的提问，也不会让你显得过于懒散放松。

小动作：在面试时不可以做折纸、转笔等小动作，这样会显得很不严肃，会分散对方注意力。也不要乱摸头发、胡子、耳朵，这可能被理解为你在面试前没有做好个人卫生。用手捂嘴说话是一种紧张的表现，应尽量避免。

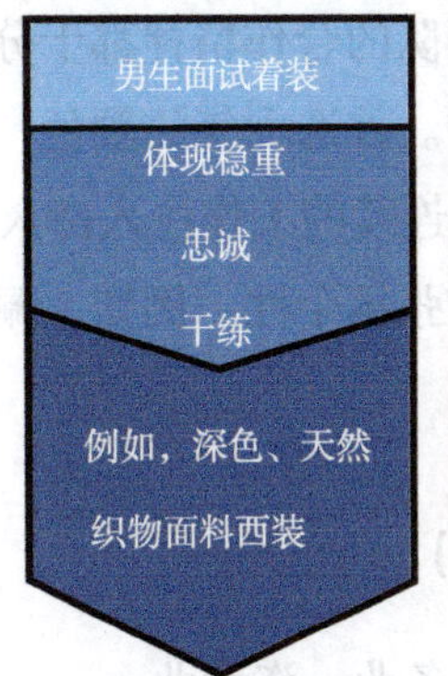

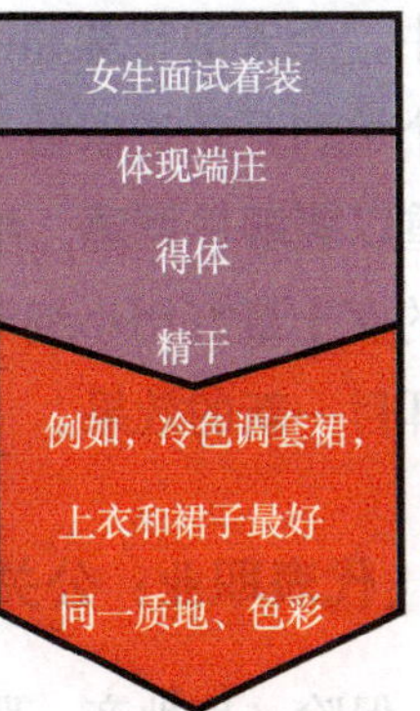

注意细节
守时 头发干净、口气清新 避免不自觉的小动作 礼貌用语常挂嘴边 做事“有头有尾”

各行业着装特色

一、体现庄重（代表职业：公务员）

相关行业：政府机关职员、金融企业从业者、企业行政人员。

原因：这样的职业注定了你的个人形象在多数情况下代表了集体的形象。因此，反映职业本身的信任度是工作着装的首要任务。服装应以中性为主，体现自己的亲和力，以及对沟通和服务的渴望。款式要简洁，颜色最好以纯色为主，太过花哨的服装会影响到其他人的情绪、判断力和办公效率。这样的服装也有利于调节自我状态，给自己以冷静、有分寸感的心理暗示。

宝典：男士最好穿白色或浅色暗格衬衫加深色西裤。女士则穿浅色套裙，背挎质量好的单肩皮包，加上恰到好处的淡妆。

二、体现智慧（代表职业：工程师）

相关行业：高新技术企业。

原因：这个行业中，个人的智慧和团队的合作精神都十分重要。因此，服装能够体现穿着者的独立个性和开拓进取精神。首选大气的颜色，此外，还可以通过配饰强调身体局部的隆重以缓解单调感，给连续的工作注人持久的激情。

宝典：这个行业的女士最好用小细节张扬个性。例如，佩戴别出心裁的首饰或其他饰品，可以达到耳目一新的效果。

三、体现职业化（代表职业：公关）

相关行业：商贸、保险、房地产、服务业、咨询业。

原因：这是一个对公关意识要求很强的行业，强调同客户的互动和交流。因此，要求从业人员能恰如其分地展现企业形象，尤其是在参加谈判时更要注重细节的修饰。外形感觉应该是雅致、职业化。“合身得体”是第一要义：既要符合自己的身份，又要符合自己的身材。去除多余的装饰，体现干练、高效率，讲究服装的内在质地、精致的品位，要注意着装的高级感和服饰礼仪。例如，穿西装只能扣最上边的一颗或两颗扣，扣上所有的扣子是不礼貌的。色彩的选择上也要讲究，要以灰色、黑色或藏青色为主，但可以选择相对明亮的配饰。

宝典：男士选择一件淡青色的短袖衬衣加上深蓝色长裤，这肯定是最保险的搭配。女士以米色套裙为主，尽量不要身着牛仔裤、运动鞋示人。

四、体现个性化（代表职业：文案策划）

相关行业：媒介、广告业等。

原因：从某种角度上讲，这些行业对服装的要求不是很严格，随意性较大。因此，你的穿着可以很本色，张扬自己的个性和创造力，对于颜色也没有什么固定的要求，同色系、不同色系均可，可以很正式，也可以很自由。

宝典：悄悄观察一下周围同事的着装，你的穿着与他们差不多就可以了。当然，如果要标新立异展示自己，你的老板也绝对不会管你。

经过今天的学习，相信大家已经掌握了不少知识。下面通过面试情景演练检验学习的成果，了解下一步需要努力的方向。

你言我语

两人一组分别扮演面试官、求职者，针对管理岗位的求职，在面试题目下，填写答题思路，面试官向求职者提问下面的面试题目，求职者回答后总结面试策略。

面试问答解析

面试官：有的职工上班不注意衣着服饰，你有什么措施可以避免？

求职者：________________

面试试题拓展

面试官：请你谈一件和别人合作遇到挫折的事。

求职者：________________

面试官：组织一次地震逃生培训和应急演习，你会怎么做？

求职者：________________

面试官：你安排一项工作任务，但是同事不配合，你会怎么处理？

求职者：________________

面试策略：________________

____

____

我思我想

应聘者小张迟到了五分钟，急匆匆地推开虚掩的办公室门，一身黑色正装的小张应邀坐下。面试官发现，小张肩上有一层刺眼的头皮屑。随后，面试官递给他一张表格填写，由于紧张，小张回答问题时下意识地转动手中的笔，眼神也飘忽不定。填好表格后开始交谈，面试官能清晰地闻出，小张早上吃了韭菜。这时，秘书给他倒上一杯茶，小张仅用余光扫了一下茶杯，便继续回答面试官的提问。面试交谈结束后，他起身离去，椅子没有移回原位，房门也忘了关上。

你认为小张会给面试官留下怎样的印象？如果你是面试官，你会录用小张吗？为什么？

提升自我求职形象

请找出自己外形上的不足（如五官、体型、身高），并回答以下问题。

1. 你认为自己五官上的不足之处有哪些？如何通过衣着打扮修饰？

____

____

____

____

____

____

2. 你认为自己平时有哪些不好的小习惯？应该如何克服？

____

____

____

____

____

____

展现形象优势

请选择一个你感兴趣的行业，并回答以下问题。

1. 你选择的行业的着装特点是什么？

2. 请根据你所选择的行业，为自己设计求职形象，并邀请老师和同学对你的形象进行点评。

老师的意见是：

同学的意见是：

专题二

应对面试

应对面试 敲开事业之门

课前准备

1. 自我介绍最好控制在______。

A. 1分钟内　　B. 2～3分钟　　C. 5～8分钟

2. 在面试时，面试官最主要的心理活动是思考______。

A. 此人是否足够完美　　B. 此人是否匹配这个职位

C. 此人是否有失败的经历

3. 面试官是否特别看重成绩和证书？______

A. 是　　B. 完全不看重

C. 如果你没有其他的亮点，成绩和证书就重要了；如果你已有工作经验了，面试官就只在乎你的“工作成绩”了

4. 怎样能够自然地掩饰自己的缺点？______

A. 编造虚假经历　　B. 承认缺点，告诉面试官你是如何弥补的

5. 面试官问到事先没有准备过的刁钻的问题时，我们的回答原则是______。

A. 按事态常理回答　　B. 心里怎么想就怎么答

C. 站在公司的角度、站在老板的角度回答

6. 面试结束后，你认为还有哪些事情要去做？______

A. 回家等通知

B. 致电应聘企业询问面试结果

C. 写作并发送感谢信

7. 感谢信描述的重点是______。

A. 感谢

B. 重申自己与应聘职位的匹配

C. 指出自己在面试过程中的不足

8. 关于将要应聘的这个职位，你利用课余时间从事过多少份类似的兼职？分别做了多长时间？

____

____

9. 请写出你遇到的最难以回答的面试问题。

____

____

10. 请写出你认为可以有效缓解面试紧张情绪的方法。

____

____

项目一　心中有数——剖析面试类型

一、任务布置　二、…　三、…　四、…　五、…　六、…

情景一

求职往往输在实力之外

三年前，我在一家大型知名企业任人力资源部的负责人。公司正处于快速发展时期，需要大量人才。我们在报纸登了一次招聘广告，求职信和简历如雪花般纷至沓来。不得不承认，我们都挑花眼了！

其中一个职位是董事长秘书。秘书是一个司空见惯的职位，没有什么太特别的，但我们的董事长是国内一位非常知名的企业家，担任他的秘书就是一件令人向往的事了。不少人费心竭力地修饰简历，有人寄来了自己美丽的照片，还有人打电话来用英语、日语等多种语言推销自己，甚至有人告诉我他懂武术和射击，并且酒量特别大！而我们的董事长对性别、相貌，甚至外语都没有特别的要求，他只要求秘书是个能够令人信赖的人。

在对简历进行了初步筛选之后，我们通知了15位应聘者来面试，约定在上午10点钟。其实在面试前我们还安排了笔试，但我们并没有在电话中提醒应聘者。笔试也没有设监考人员，由应聘者自行答题。于是，5位没有带笔的应聘者首先被淘汰出局，这是因为秘书要为他人提供服务，意想不到的情况会经常发生，而不习惯于做多种准备的人不会是个好秘书。

我们在笔试考场入口处准备了签到表，由各人签上自己的名字和到达的时间，旁边仍然无人监督。结果有4人因签了与实际情况不符的虚假到达时间而被淘汰，两人因迟到被淘汰，还有两人因在考试期间跟外界通电话被淘汰。余下的3人，我仔细阅读了他们的试卷和求职资料。一人试卷答得不错，但字体棱角分明，卷面不够干净；一人试卷答得不理想，但所带来的以前写的文章不错；最后一人试卷答得中规中矩，但字体俊秀，虽然没有带来以前发表的作品，但在答题时十分有条理。

秘书不应该是个棱角太过分明的人，条理比文采更重要，而且要看现场的作品而不是以前的。因此，我们最终选择了最后的那个应聘者。后来的事实表明我们没有看错人，他的工作表现得到了董事长的好评，而我与他也成了私下里聊得来的好朋友。

每一次面试我们都要做好充分的准备。本案例中的非常规面试对于帮助企业选才有什么好处？

____

____

情景二

非常规面试

技校毕业生小牛前往某公司应聘。他到场后，发现除了自己是技校毕业生外，其余的都是大学生。当他与最后20多名候选人进入会议室准备接受最后一次面试时，老板迟迟没有出现。小牛突然意识到，这也许就是一种测试。于是，他马上对在场的应聘者说："同学们，我们相互认识一下吧，难得有这样一次相识的机会，不管我们中间谁被录用，以后我们仍可以常联系。"接着，他开始介绍自己，并主动与人交谈。当时，有些应聘者对他的举动不以为然。最后，该公司录用的唯一一名应聘者就是小牛，并且入职不久，他便被任命为部门主管。

你能说出小牛的言行表现为何能在应聘中脱颖而出吗？

____

____

知识目标： 面试时间通常只有几十分钟，在这短短的几十分钟时间内，既要全面又要突出重点地介绍、推销自己，使面试官清楚地了解你的情况，并对你留下美好而深刻的印象，这的确不是一件易事。但这短短的几十分钟也许将决定你一生的前程。所以，掌握面试的必备知识，了解常规面试与非常规面试的类型，打有准备之战，是面试成功的首要环节。

任务一 任务描述

某国内知名公司的子公司，生产各类冲压模具、塑胶模具、单件及总成类检具、支具、夹具、非标机械产品、机械零部件，目前准备招聘冲压模具设计工程师（塑胶模具），厂址位于广东省某市。你作为该有限公司的人事主管，希望应聘者具备怎样的技能和素质？

任务实施

根据任务完成的情况，如实填写任务书。

《我为企业选人才》任务书 I

任务	任务要求	组员姓名	任务分工
根据岗位要求制定招聘标准	通过小组讨论的方式，为特定岗位制定员工招聘标准，并选派代表发言	组长：	统筹全组工作
		发言代表：	代表小组发言
		智囊团：	出谋划策，提供意见
冲压模具设计工程师（塑胶模具）岗位职责		适合该岗位的人才需要具备的技能和素质	
1. 根据模具开发通知单执行模具分模设计、结构设计。 2. 执行模具的设计变更工作；参与数模评审工作、设计图档的保存工作。 3. 绘制模具结构图、零件图并填写物料清单。 4. 协助模具车间的修模、改模，做好模具设计的评审工作。 5. 配合工厂处理和解决产品出现的技术问题；配合铝压铸生产工艺人员，在生产中改进生产工艺。确保模具及生产正常运行。		1. 学历要求 ________ 2. 技能要求 ________ 3. 性格要求 ________ 4. 形象要求 ________ 5. 其他要求 ________	
师生总结			

任务二

任务描述 某国内服装行业龙头公司，是国际化的一站式服装零售品牌。公司计划招聘服装定制销售员，你作为该公司的招聘主管，希望应聘者具备怎样的技能和素质？

任务实施 根据任务完成的情况，如实填写任务书。

《我为企业选人才》任务书Ⅱ

任务	任务要求	组员姓名	任务分工
根据岗位要求制定招聘标准	通过小组讨论的方式，为特定岗位制定员工招聘标准，并选派代表发言	组长：	统筹全组工作
		发言代表：	代表小组发言
		智囊团：	出谋划策，提供意见
服装定制销售员的岗位职责		适合该岗位的人才需要具备的技能和素质	
1. 能跟踪并维护好老客户，做好客户的回访工作。 2. 积极开发新客户，尽可能地收集客户名片。 3. 拜访客户要全面，要拜访多个部门，每天做好客户资料收集、整理工作。 4. 能及时做好货款的回收工作。 5. 能准确、高效完成每一订单的售前、售中、售后工作。 6. 能做好每次的招投标工作，包括样衣、布展、标书审核、资料准备及招标结束后的整理。 7. 能做好合同原件的收回、合同下单、开票、发货、回款等各项业务工作。		1. 学历要求 ________ 2. 技能要求 ________ 3. 性格要求 ________ 4. 形象要求 ________ 5. 其他要求 ________	
师生总结			

任务三 任务描述

根据前两个任务书的完成情况，我们了解到不同的岗位对员工的任职要求是不一样的，企业需要的是最合适而非最优秀的员工。请各小组思考并讨论，如果你作为企业招聘人员，会怎样利用面试环节来选拔合适的人才？

任务实施

根据任务完成的情况，如实填写任务书。

《我为企业选人才》任务书Ⅲ

<table>
<tr><th>任务</th><th>任务要求</th><th>组员姓名</th><th>任务分工</th></tr>
<tr><td rowspan="3">思考适用于甄选企业合适人才的招聘方式</td><td rowspan="3">通过小组讨论，提出最佳方案，并派代表发言</td><td>组长：</td><td>统筹全组工作</td></tr>
<tr><td>发言代表：</td><td>代表小组发言</td></tr>
<tr><td>智囊团：</td><td>出谋划策，提供意见</td></tr>
<tr><td colspan="2" rowspan="2">招聘岗位：__________</td><td colspan="2">不同职业的通用胜任力模型</td></tr>
<tr><td>职业类别</td><td>胜任特征</td></tr>
<tr><td colspan="2">1. 学历要求</td><td>专业技术人员</td><td>成就欲、影响力、分析思维、主动性、自信、人际洞察力、信息寻找能力、技术专长、团队协作能力、客户服务意识</td></tr>
<tr><td colspan="2">2. 技能要求</td><td>企业家</td><td>成就欲、主动性、机遇捕捉能力、坚持性、信息寻找能力、诚信、计划性、分析思维、自信、专业经验、自我教育能力、影响力、指挥力、发展下属能力、公关能力</td></tr>
<tr><td colspan="2">3. 性格要求</td><td>销售人员</td><td>影响力、成就欲、主动性、人际洞察力、服务意识、自信、公关能力、分析思维、概念思维、信息寻找能力、权限意识、专业知识</td></tr>
<tr><td colspan="2">4. 形象要求</td><td>经理人</td><td>影响力、成就欲、团结协作能力、分析思维、主动性、发展他人能力、自信、指挥力、信息寻找能力、团队领导能力、概念思维、权限意识、公关能力、技术专长</td></tr>
<tr><td colspan="2">5. 其他要求</td><td>社区服务人员</td><td>影响力、发展下属能力、人际洞察力、自信、自我控制能力、个性魅力、组织能力、技术专长、客户服务意识、团结协作能力、分析思维、概念思维、主动性、灵活性、指挥力</td></tr>
<tr><td colspan="2">师生总结</td><td colspan="2"></td></tr>
</table>

我的放大镜

面试是一种通过精心设计，以交谈和观察为主要手段，以了解求职者素质及相关信息为目的的测试方式。它能比较直接、客观、全面地了解求职者的情况，因而得到了越来越广泛的应用。

常规面试的种类与形式

一、结构化面试、半结构化面试与非结构化面试

根据面试的结构化（即标准化）程度，面试可以分为结构化面试、半结构化面试和非结构化面试三种。

结构化面试，是指面试题目、面试程序、面试评价、考官构成等方面都有统一、明确规范的面试。

半结构化面试，是指只对面试的部分因素有统一要求，如规定有统一的程序和评价标准，但面试题目可以根据面试对象而相应变化。

非结构化面试，是指对与面试有关的因素不做任何限定，也就是通常没有任何规范的随意性面试。

二、单独面试与集体面试

根据面试对象的多少，面试可分为单独面试和集体面试。

单独面试又叫个人面试，是指面试官逐个地与应聘者单独面谈。这是最普遍、最基本的一种面试方式。单独面试有两种类型：一是只有一个面试官负责整个面试过程；二是由多位面试官参加整个面试过程，但每次只与一位应聘者交谈。

集体面试又叫小组面试，是指多位应聘者同时面对面试官的情况。在集体面试

中，通常要求应聘者进行小组讨论或分组游戏，相互协作解决某一问题，或者让应聘者轮流担任领导主持会议、发表演说等。

三、压力性面试和非压力性面试

根据面试的目的不同，可以将面试区分为压力性面试和非压力性面试。

压力性面试是将应聘者置于一种人为的紧张气氛中，应聘者需接受诸如挑衅性的、非议性的、刁难性的刺激，以考察其应变能力、压力承受能力、情绪稳定性等。

非压力性面试是在没有压力的情景下考察应聘者有关方面的素质。

四、一次性面试和分阶段面试

根据面试的进程，面试分为一次性面试和分阶段面试。

一次性面试是指用人单位对应聘者的面试集中于一次进行。

分阶段面试可分为两种类型，一种是“依序面试”，另一种是“逐步面试”。依序面试一般分为初试、复试与综合评定三步。逐步面试一般按小组成员层次由低到高的顺序，依次对应聘者进行面试。

五、常规面试、情景面试和综合性面试

根据面试内容设计的重点不同，面试分为常规面试、情景面试和综合性面试三类。

所谓常规面试，就是我们日常见到的、面试官和应聘者以面对面问答形式为主的面试。

在情景面试中，突破了常规问答的模式，引入了无领导小组讨论、公文处理、角色扮演、演讲、答辩、案例分析等人员甄选中的情景模拟方法。情景面试是求职面试形式发展的新趋势。

综合性面试兼有常规面试和情景面试的特点，采用结构化的形式，内容主要集中在与工作职位相关的知识技能和其他素质上。

六、鉴别性面试、评价性面试和预测性面试

依据面试的功能不同，面试分为鉴别性面试、评价性面试和预测性面试。

鉴别性面试是依据面试结果把应聘者按相关素质水平进行区分的面试。

评价性面试是对应聘者的素质做出客观评价的面试。

预测性面试是指对应聘者的发展潜力和未来成就等方面进行预测的面试。

七、目标参照性面试和常模参照性面试

依据面试结果的使用方式不同，面试分为目标参照性面试和常模参照性面试。

目标参照性面试，就是面试结果须明确应聘者的素质水平是否达到某一既定的目标水平，通常分为合格与不合格两种；而常模参照性面试，则是根据面试结果对应聘者按素质水平高低进行排序，从而优胜劣汰，结果往往将应聘者分为若干档次。

八、问卷式面试

用人单位为了掌握应聘者的全面素质，包括个人兴趣爱好、处世能力、合作精神、价值观念、吃苦精神、战胜困难的勇气等方面的内容，往往采用书面的素质测试卷，让每个应聘者在规定时间内，在没有事先准备的状态下完成问卷答题工作。通常，素质测试分为以下几类。

1．心理测试

用人单位在选拔过程中使用智力和个性测试，主要了解应聘者的性格类型、道德水准、与人相处情况、敬业精神、耐挫力、行事风格等有关内容，一一进行测试摸底，所有这些内容在心理测试上都是隐含的，应聘者在规定时间内完成所有测试内容。

2．英语水平测试

英语水平测试分为笔试和口试两种。笔试是当场完成一定数量的翻译或写作测试，考查应聘者英语读写能力。口试，即当面用英语和应聘者对话，考查其口语表达能力。

九、应邀实地考察

在实地考察期间，频繁地与应聘者双向交流，考察应聘者的内在素质和综合能力。有些用人单位将企业的发展蓝图展示在应聘者面前，暗中考察应聘者对新事物的接受能力，同时收集其对单位工作的意见和建议。总而言之，实地考察时将应聘者放到现实社会中加以考察，用人单位和应聘者对彼此的情况都能了解得更详细、具体和全面。

十、直接面试、电话面试、视频面试

直接面试是最传统、常见的面试方式，是面试官与应聘者面对面接触进行的

面试。这种面试方式有助于面试官获取更多有关应聘者的信息。但是随着当代信息化、全球化进程的发展，直接面试有时会提高面试的成本，特别是对异地的应聘者。

电话面试，通常发生在应聘者与招聘中介、招聘专员、猎头或者人力资源部门沟通的过程中。在电话面试的过程中，面试官会挖掘出他希望了解的信息。在接受电话面试的过程中，应聘者要全程保持自信的语调，传达给对方正向的信息。同时，语气要自然，如果应聘者对自己的工作能力和资质是有信心的，那么，在通话的过程中一定要保持微笑，对方可以感受到你的情绪。在接受电话面试时，一定不要躺倒在沙发上，应聘者最好站着，或者在室内踱步，这样会更加沉着，也会给予自己更多的力量。通常情况下，面试官会打电话预约面试时间，如果面试官要即刻开始，应聘者也完全可以给出明确的时间段，让对方在相应时间打来电话。应聘者完全有理由为自己争取到足够的准备时间，在一个有所准备的、舒服的氛围下接受电话面试。在接受电话面试之前，要准备好以下物品：简历（一定要在面试前迅速浏览一遍），发送给公司的求职信，需要提出信息核实的问题，便笺纸，收集到的公司资料，一杯水，还要在门口挂上“请勿打扰”的标语。这样，家人或者室友就不会私自闯入。

视频面试是通过视频的形式进行的面试。这种面试方式常用于远程初步筛选应聘者。

电话面试和视频面试是当今随着信息化的普及而出现的面试方式，一般不适用于竞争性面试，多用于招聘的多轮面试中。例如，在一些企业人员招聘中，常常把这三种方法结合起来使用，首先采用视频面试方法淘汰不合格人选，缩小选拔范围，然后采用电话面试方法精选部分人员，最后采用直接面试方法录用适合人员。这种模式降低了面试成本，提高了面试效率，被越来越多的企业所采用。

十一、语言式面试、操作式面试

语言式面试主要是通过口头语言行为来测评应聘者的素质。它不仅能很好地测评出应聘者的智慧素质、人格素质、意愿性素质，还能充分测试应聘者的语言表达能力。语言式面试是由面试官口头提问，有时也辅以书面语言材料，让应聘者以口头回答的形式进行的，主要是通过语言来测评应聘者的素质。语言式面试中包括普通面谈、抽签问答、答辩、辩论、演讲、议论等形式。

操作式面试通过应聘者的实际操作性行为表现来测试其素质。其具体形式较多，主要包括制作文件、处理文件、实际调研、模拟会议、速记、技能表演、案件处理等。操作式面试不仅能测试出求职者的有关能力，更适合测试求职者的技能，特别是对专业性和技能性较强的职位具有重要的意义。

不可不知的十二种非常规面试

一、角色扮演测试

角色扮演测试是设计一系列尖锐的人际矛盾与人际冲突，要求应聘者分别扮演不同的角色，去处理各种问题和矛盾。面试时，面试官通过对应聘者在扮演不同角色时所表现出来的行为进行观察和记录，测试应聘者如下能力：一是角色把握能力；二是处理人际关系的能力，如缓和气氛、化解矛盾的技巧，行为策略的正确性，情绪控制能力等；三是对突发事件的应变能力。

二、即兴发言测试

即兴发言测试是面试官给应聘者一个题目，并在发言之前向应聘者提供有关的背景材料，让应聘者稍做准备后按题目要求进行发言。即兴发言的内容可以是针对公司面临产品销售的暂时困难，向全体员工做一次动员，号召大家齐心协力共渡难关；可以是模拟新产品上市新闻发布会上的发言；也可以是在新年员工联欢会上发表祝词等。通过即兴发言，面试官可以测试应聘者的快速反应能力、理解能力、思维的逻辑性及发散性、语言表达能力，以及言谈举止等。

三、明暗结合测试

明暗结合测试是在当面测试的同时进行一些内容的暗中测试。例如，某企业在学校招聘毕业生时，面试官要求学生就“从我做起，从小事做起”进行两分钟的演讲。许多学生侃侃而谈，言辞动人。在演讲的同时，另外几名面试官逐一到这些学生的宿舍中检查他们平时的个人卫生状况。演讲刚结束，面试官当场公布了卫生检查的结果，对一位演讲时神采飞扬、表现出色但宿舍被子未叠、脏衣服乱扔的学生，当场宣布不予录用。

四、与人谈话测试

与人谈话测试是通过让应聘者与他人谈话的方式来考察应聘者。与人谈话测试一般有以下三种类型。

一是接待来访者。来访者可以形形色色，根据特定需求，或者是来谈生意的，或者是来推销产品的，或者是来叙旧的，或者是来投诉的。这些来访者当然都是由面试官安排的。让应聘者接待来访者的测试，目的是考察其在接待时的态度、驾驭谈话的能力、快速处理问题的能力，以及处理公事与私事的关系等方面的能力。

二是拜访有关人士。在企业管理中，主动找某人谈话是管理活动的一项重要内容。这些有关人士可以是上级、下级、同事、客户、政府人员、新闻媒体人士等，这些人士也可由面试官扮演。拜访有关人士的测试，可以考察应聘者待人接物的技巧、语言表达能力、有关的专业知识、应对各种困难的能力等。

三是电话交谈。在现代社会中，电话是一种很有效的联络工具，也是企业管理者常用的联络工具。让应聘者打电话的测试，可以通过电话交谈考察应聘者的心理素质、文化修养、语言表达能力和处理问题能力等。电话交谈可以分为接电话和打电话两种。

五、设计路障测试

设计路障测试是在应聘者面试的必经道路上，或在面试过程中故意设置一些障碍，通过观察应聘者面对障碍时的各种表现来测试其素质的一种方式。例如，有一家公司的面试官要求应聘者用最快的速度跑到楼顶大厅观察，然后尽快返回，用英语描述自己的所见所感。楼道里有的地方横着拖把，有的地方堆放着杂物，一些应聘者只顾上楼，见了拖把一脚踢开，或者横跨而去，只有少数人弯下腰来将拖把或杂物拿开。面试官们跟在应聘者身后，给那些俯身扶好拖把或清除杂物的应聘者加分；相反，对那些不清除杂物的应聘者就不予加分或扣分。

六、事实判断测试

事实判断测试是给予应聘者少量的有关某一问题的信息资料，要求他做出对这一问题的全面分析。应聘者可以通过向面试官提出一些问题，获得更多的信息。事实判断测试的目的是测试应聘者搜集信息的能力，特别是从那些不愿意或不能提供全部信息的人那里去获取信息的能力，以及把握事实、做出正确决策的能力。事实判断测试也可以考察出应聘者的决策能力和压力承受能力。

七、不考即考测试

不考即考测试是在不言明或没有任何迹象表明是在面试的情况下进行的面试。例如，本项目的情景二中技校毕业生小牛前往某公司应聘的过程，就是一次典型的不考即考面试。

八、无领导小组讨论测试

无领导小组讨论测试是将应聘者编成一个或几个小组，每组4至8人不等，要求他们讨论某些有争议的问题或实际经营中常见的某种困难。例如，资源分配、两难抉择、重要性排序等。要求讨论后形成一致意见，以书面形式汇报讨论结果，每个组员都要在书面汇报上签字。

面试时，面试官或者坐在一边，或者坐在讨论室隔壁的房间里，通过电视屏幕或单向玻璃观察整个讨论过程，通过扩音器倾听讨论发言，或者进行录音录像，以便考察应聘者。运用这一方法，可以从以下几个方面对应聘者进行考察：领导欲望、主动性、说服能力、语言表达能力、抵抗压力的能力等。评分依据：发言次数的多少，是否善于提出新的见解和方案；是否敢于发表不同的意见、支持或肯定别人的意见、坚持自己的正确意见；是否善于消除紧张气氛、说服别人、调解有争议的问题、创造一个使不大开口的人也想发言的气氛，把众人的意见引向一致；是否尊重别人，是否倾听他人的意见，是否侵犯他人的发言权等。有时还可以要求应聘者讨论完后写一份讨论纪要，以便从中考察应聘者的分析能力、综合能力、归纳能力、决策能力等。

无领导小组讨论的环节与流程

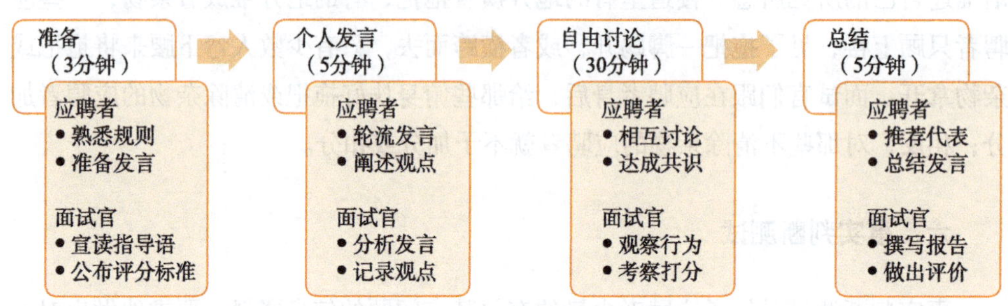

无领导小组讨论的评分表

讨论题目						组别	
评价项目		应聘者：	应聘者：	应聘者：	应聘者：	应聘者：	应聘者：
语言方面（40分）	发言的主动性（5分）						
	组织协调能力（5分）						
	语言表达能力（8分）						
	辩论说服能力（12分）						
	论点的正确性（10分）						

（续）

评价项目		应聘者：	应聘者：	应聘者：	应聘者：	应聘者：	应聘者：
非语言方面（20分）	面部表情（5分）						
	身体姿态（3分）						
	语调（5分）						
	语速（2分）						
	手势（5分）						
个性方面（40分）	自信程度（5分）						
	进取心（10分）						
	责任心（10分）						
	情绪稳定性（10分）						
	反应灵活性（5分）						
总分							
评语							

九、随便聊天测试

随便聊天测试，表面上看似乎与传统的一问一答面试方法相差无几，但实际上却有很大的区别。随便聊天测试最大的特点就是看上去很随和，让应聘者几乎感觉不到面试，面试官在聊天的轻松气氛中，考察应聘者的综合能力。随便聊天测试中的内容很多。例如，可以问面试者“你是怎么来的？”假如回答“自己开车来的。”可以接着问“什么时候学会开车？是家里人凑钱帮你买的车吗？”假如回答是坐地铁来的，又可以问“在地铁里你常看些什么？”如果回答“翻翻报纸”，则可以再问“你对世界上的食品安全问题了解多少？如果你是政府的官员，你认为该怎样解决这些问题呢？”等。总之，表面上是在跟应聘者聊天，但其目的是通过轻松随意的聊天来考察应聘者的反应能力、知识、素养、品质等。例如，一位报考民政部门的应聘者没有被录用，就是因为在回答“如果在乡村公路上遇到一个很脏、很穷的残疾人向你要钱，你怎么办？”的问题时，他说：“我会马上离开，因为我无法了解这个人，他有可能是一个歹徒。”面试官认为他没有同情心、只有防备心而没有录用他。

十、面谈模拟测试

面谈模拟测试是让应聘者与假定的某个领导、下属、同事或顾客进行面对面的谈话，其具体形式有许多种：①应聘者模拟中层行政管理人员，面试官模拟上层领导，讨论绩效考核问题；②应聘者模拟高层主管，面试官模拟记者，采访捆绑销售问题；③应聘者模拟客服人员，面试官模拟发怒的顾客，商谈解决劣质产品投诉问题等。在面谈模拟测试中扮演各种角色的面试官，应是接受过专门训练的人，要能按照标准化的方式向应聘者提问和质疑，并且回答问题，甚至做出一些令应聘者心烦意乱的行为。面谈模拟测试能够有效地考察应聘者的语言交流技巧、谈话机智程度、人际关系技巧以及解决问题的能力等。

十一、管理游戏测试

管理游戏测试是一种以游戏形式完成某项“实际工作任务”的面试方法。管理游戏测试可以考察应聘者的综合管理能力。管理游戏测试可以是组成集团，或者是组建公司。

组成集团是让应聘者分别持有公司股票，以便控制公司，最终目的是把公司合并为集团。要获得成功，公司必须在股票市场很好地组织和安排其活动。通过组成集团的游戏活动，面试官可以考察出应聘者在压力下的工作能力、领导力及人际关系处理能力等。

组建公司是由几名应聘者组成一个小型公司，主营范围、经营机制、产品设计生产与营销、人事财务等问题均由小组自定。应聘者将互相合作组建公司，并进一步给公司定位、拟订财务计划、确定投资、安排生产各环节、市场营销、发行股票等。在这个组建公司的游戏活动中主要考察：谁是小组中自然形成的领导人；他的组织能力、经营能力、市场敏锐性、思维的敏捷性以及在压力条件下的工作能力；当外界经营环境发生变化的时候，领导人能快速适应新情况的能力等。

十二、案例分析测试

案例分析测试是先让应聘者阅读一些材料，了解并研究某个组织在管理中所面临的问题，然后要求他向高层领导提交分析报告。案例中的问题一般是财务问题、制度问题或管理问题等。

这种方法的优点是操作方便，适用于测评应聘者某种具体的管理能力，如企业诊断能力。分析结果既可以采取口头报告形式，也可以采取书面报告形式。然后根据事先拟订的多种解答，在要点覆盖、问题分析深刻性等方面对报告进行评估。

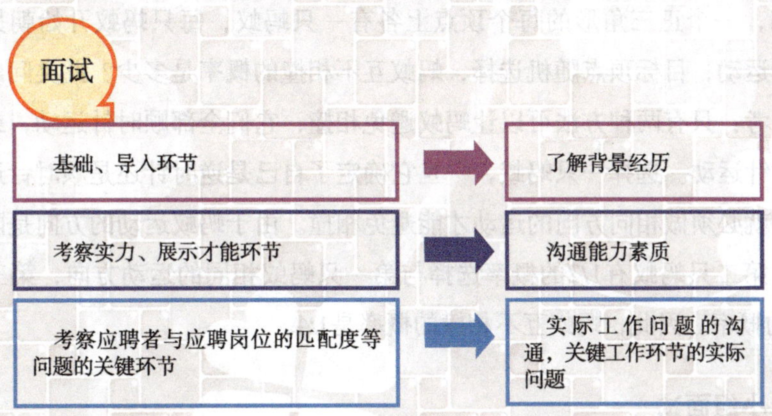

了解名企的面试流程

面试既然有如此功效，那么了解名企的面试流程就等于得到了一本“面试教科书”。作为最经典的面试流程，名企的面试往往包含招聘中最重要的几个环节。

一、职业能力倾向测试

职业能力倾向测试能够测试出一个人的性格，面对压力、挑战的承受能力和其他一系列职业特征品质。在面试中，它虽然只是作为参考因素，但往往对于应聘者的去留有决定性的影响。例如，当被问及“谁对你的职业生涯有重要影响？”这一问题时，表明面试官正试图了解应聘者的求职动机、工作经验和能力特长，同时考察应聘者的思维连贯性和语言表达力等。

二、逻辑类和智力类测试

逻辑类和智力类测试多在笔试时出现，内容多种多样，如脑筋急转弯、趣味数学等，题目主要是考察应聘者的思维能力，有时候根本没有固定的答案。这类题目主要目的是考察回答过程中应聘者的思路。因此，解答的过程更加重要。

例如，一个正三角形的每个顶点上各有一只蚂蚁，每只蚂蚁开始朝另一只蚂蚁做直线运动，目标顶点随机选择，蚂蚁互不相撞的概率是多少？此类问题可用如下方法思考：只有两种方法可以让蚂蚁避免相撞，它们全部顺时针运动，或者它们全部逆时针运动。选择一只蚂蚁，一旦它确定了自己是逆时针还是顺时针运动，其他的蚂蚁就必须做相同方向的运动才能避免相撞。由于蚂蚁运动的方向是随机选择的，那么第二只蚂蚁有1/2的概率选择与第一只蚂蚁相同的运动方向，第三只蚂蚁也有1/2的概率。因此，蚂蚁互不相撞的概率是1/4。

三、小组面试

在小组面试过程中，应聘者会被分为几个小组，互相交流或讨论案例。这一部分通常包括阅读材料、讨论问题和解释问题。讨论及解释问题时可以使用中文或英文。最后，可以几个人全部上场，每人回答问题的一个部分，或者从小组中指派一到两名作为代表上场解释问题。通过小组面试，能够考察出应聘者的交流、合作能力和展示自我的能力。事实上，中间互相交流的部分和最后展示的部分同样重要。

面试取胜的法宝

- 放松！面试不是接受法庭审判，而是人生的一次历练，学会享受这个过程。将面试官想象成你喜欢的明星或者作家，忽视他们样貌。
- 微笑！时刻保持微笑，微笑应是礼貌的，而不是虚假的。心态放松，笑容就会舒心。这是交谈愉快的表现。试着换位思考，站在面试官的角度看待这个问题，每个人都喜欢与随和自信的人共事。
- 热情！一定要保持高涨的热情，要对面试的公司、应聘的岗位保持兴趣。但是，不要信口开河。如果你的确缺乏兴趣，谎言也很容易被看破。

- 诚实！即使是无关紧要的谎言也会成为你被淘汰的关键。
- 积极！要保持积极的态度，即使是在谈论上一份工作的有关问题的时候，也要保持积极的心态。尤其是面对那些棘手的问题，如考试成绩不理想的原因、离职的原因、与上司之间的矛盾、资质方面的欠缺等。
- 目光交流！要尽可能地保持与面试官的目光交流。如果你遇到一个不愿意进行目光交流的人，一定会心生疑虑，他是不是有所隐瞒。你一定不希望给面试官留下这样的印象吧。所以，在与对方握手的时候，要看着对方的眼睛；在面试的过程中，也要适时有目光的接触。
- 把控面试局面。遇到那些经验不足的面试官，千万不要被他们绊住。要充分利用面试前所做的准备工作，尤其当面试官们提出意料之外的问题时，你所做的准备是周全的，你就有能力控制整个面试局面，为自己争取更多的表现机会，告诉对方你能为公司带来的利益。

经过今天的学习，相信大家已经掌握了不少知识。下面通过面试情景演练检验学习的成果，了解下一步需要努力的方向。

面试者六人一组针对海上救援开展无领导小组讨论，3分钟阅题时间，25分钟小组讨论，3分钟推选代表总结陈词，并总结面试策略。

海 上 救 援

现在发生海难，一游艇上有八名游客等待救援，但是直升机每次只能救一人。游艇已坏，不停漏水。寒冷的冬天，刺骨的海水，请将这八名游客按照营救的先后顺序排序。

面试问答解析

面试试题拓展

游客情况：

1. 将军，男，69岁，身经百战。
2. 外科医生，女，41岁，医术高明，医德高尚。
3. 大学生，男，19岁，家境贫寒，参加国际奥数获奖。
4. 大学教授，女，50岁，正主持一个科学领域的项目研究。
5. 运动员，女，23岁，奥运金牌获得者。
6. 经理人，男，35岁，擅长管理，曾将一大型企业扭亏为盈。
7. 小学校长，男，53岁，劳动模范，全国五一劳动奖章获得者。
8. 中学教师，女，47岁，桃李满天下，教学经验丰富。

面试策略：____

____

我思我想

最后胜出的会是谁

某百货公司要聘请一位总经理，招聘方给三位应聘者放了这样一段录像：9时30分，商场进来一位高个小伙，他掏出100元买了一支3元钱的牙膏。上午10时整，又进来一位矮个小伙买牙膏，他掏出10元钱递给售货员，找钱时，他却说自己给的是一张百元，双方起了争执。商场总经理走来询问，小伙子提高嗓门说："我想起来了，我的纸币上有2888四个数字。"售货员在收银柜中寻找，果真找到了这样一张百元。

录像结束，面试官提出问题：明知对方在欺诈，假如您是总经理，该如何应对？

以上情景面试旨在考察应聘者的三层素质：洞察力——对事件本质的把握；全局观——对"顾客至上"理念的理解；道义感——对社会上诚信缺失现象的态度。

第一位应聘者的答案：首先向顾客道歉，然后当众批评售货员，并如数赔偿小伙子97元。这位应聘者的优点在于能够从公司大局出发，但其做法有向不法行为低头之嫌。

第二位应聘者的答案：他会在小伙子耳边说："哥儿们，我们有内部录像系统。"这位应聘者犯了一个大忌，就是职业经理人应以诚信为本，因为那个商场内根本没有录像系统。

第三位应聘者的答案：他会对小伙子说："既然您没有支付10元钱，那么，收银柜内今天收到的所有10元纸币上都不会有您的指纹。您能保证吗？"

假如你是招聘方，会选择哪位应聘者？为什么？

____

____

____

____

面试时自我介绍小游戏——找特点

形式：4~5人一组

时间：10分钟

场地：教室

我们知道，在这个世界上没有任何两片树叶是完全相同的。你的声音、你的指纹、你的性格、你的DNA也是如此。因此，可以肯定地说我们每个人都是独一无二的个体，都有自己的特性和风采。

1. 请小组成员逐个介绍自己的优点，每人必须涉及以下内容。

（1）在个人品质上，你喜欢自己的哪个方面？

（2）在才华或技能上，你喜欢自己的哪个方面？

2. 要求各小组为每个组员挖掘个人品质和才华方面的优势。

3. 有选择地吸收小组成员的建议，全面地认识自己。

我来做面试官

1. 请根据对常规面试类型的掌握，设计一系列常规面试问题，用以考核应聘汽车营销岗位的应聘者，数量不限，注意可行性。

____

____

____

____

____

____

2. 请根据对非常规面试类型的掌握，设计三个非常规面试题，用以考核应聘汽车营销岗位的应聘者。

____

____

____

____

____

____

项目二　先见之明——规避面试禁忌

情景一

本地人

眼看着身边的同学一个个开始忙于找工作，商务专业毕业生姗姗也开始留意起校园里的招聘广告，并悄悄做好了面试前的准备工作。

有一天，一家位于市区的大型企业打来电话，通知姗姗去面试。面试很成功，第二天就收到企业的通知，要姗姗去复试。姗姗暗自惊叹这家企业的办事效率，同时也为自己闯过了第一关而庆幸。

风风火火地赶到这家企业后，姗姗被引进一间装饰豪华却不失典雅的办公室，椅子上坐着一位气宇轩昂的正接听电话的中年人。见姗姗进来，中年人朝姗姗点点头，然后示意姗姗先坐下。大约两分钟后，中年人放下电话，很绅士地说："对不起，让你久等了。首先恭喜你，昨天的初试，你表现得很优秀。今天我们约你来，是例行复试。我是公司的人力资源总监，称我李先生好了。"

姗姗心里像涨潮一般漫过一阵狂喜，说话声都有些打战。她说："李先生过奖了，我非常愿意听您的指教。"

李先生是个爽快的人，他开门见山地说："你的简历我仔细看了，你在学校的表现很出色，我很感兴趣。我想，你是本地人，对我们这座城市不说是了如指掌，起码也是比较了解的。"

“这个……还算是了解吧。”姗姗搞不懂李先生为什么不问专业知识，却问了这么一个不太紧要的话题。

“好，那我们就直奔主题吧，请问我市的市花是什么？”

“好像是……月季花吧。”姗姗连蒙带猜，吞吞吐吐地答道。

“不对，市花是木棉。”李先生的食指来回晃动着，打着否定的手势，并步步紧逼，“第二个问题，我们现在处在哪个区？从这里去火车站应坐几路车？”

“大概是……番禺区吧。我不是坐公交车来的，所以不知道应该坐几路车。”姗姗的声音开始发颤。

“我们这里半年前已经划入新成立的南沙区了。”李先生用咄咄逼人的目光直视着姗姗，令她无法躲避，接着说道：“从火车站来我们这里是没有直达公交车的，需要在石桥换564路公交车。”

“第三个问题……”

问完了5个与专业毫不相关的问题，李先生调整了一下姿势，看着姗姗说：“很抱歉，5个问题你只答对了1个，我不得不遗憾地告诉你，你落选了。”

闻听此言，姗姗大惊失色，脸上红一阵白一阵。

李先生大概看出了她的窘态，惋惜地说：“对于一个在本市土生土长的年轻人，竟然对这里不了解，一问三不知，这实在是我们不能接受的。”

姗姗灰溜溜地走出这家公司的大门，对自己的无知感到无比羞愧。姗姗暗暗发誓，如果有机会再与李先生碰面，她一定会以一个全新的面貌出现在他的面前，让他刮目相看！

阅读完本案例，你知道姗姗的面试失误在哪里吗？

____

____

____

____

____

情景二

“敏感的”毕业生

某职业院校热门专业的应届毕业生小郑，最近忙于找工作，接到了某知名公司的面试通知。小郑在校期间成绩优秀，并且在一家大企业实习过一年，动手操作能力较强。尽管如此，由于竞争者众多，小郑对这次面试并没有十足的把握。

面试中，公司人力资源部的两位主管先问小郑是否了解他们公司，然后就问小郑身高多少、有无女朋友等与职位无关的问题。略显紧张的小郑的态度也由尊敬转化为轻视，神情中不自觉地流露出来。

随着面试过程的深入，小郑逐渐放松下来，他习惯性地撸起袖子，嘎吱嘎吱地捏着手中的塑料水杯，双腿不停地抖动，甚至好几次碰响了桌子。两位面试官似乎各有分工，人事主管问完后，由招聘专员单独与小郑交流。

突然，那位人事主管暂时离场，小郑认为主管对他失去了兴趣，心思有点乱了，有好几次需要对方重复提问才听清问题。整个面试过程，小郑一直低着头，回答问题时，才偶尔抬一下头。

小郑还参加了商务英语笔试。小郑没学过商务英语，硬着头皮做了半个小时便交了卷，脸色阴沉沉的，也没有和面试官道别。

在校期间成绩优秀的小郑能获得企业的青睐吗？

____

____

____

____

知识目标： 注意面试交谈中的一些禁忌，尽管那些小事看似微不足道，但当它产生负面影响时，生气和懊悔都无济于事。留意这些小事是应聘者成功谋职的基础。

一、… **二、任务实施** 三、… 四、… 五、… 六、…

任务一

任务描述

面试过程中，我们已经习惯的或是因准备不充分形成的一些小动作常会断送了职场之路。

任务实施

根据任务完成的情况，如实填写任务书。

《规避面试禁忌》任务书Ⅰ

任务	任务要求	组员姓名	任务分工
分析案例，谈谈姗姗在面试过程中犯了哪些禁忌	通过小组讨论的方式，谈谈姗姗在面试过程中犯了哪些禁忌，并派代表发言	组长：	统筹全组工作
		发言代表：	代表小组发言
		智囊团：	出谋划策，提供意见
姗姗所犯的禁忌是什么			
如果你是姗姗，你会如何避免这样的失误			
师生总结			

任务二

任务描述

面试过程中难免对招聘人员的反应过于敏感和紧张，我们能否以更好的心态、口头语言或肢体语言来应对面试呢？

任务实施

根据任务完成情况，如实填写任务书。

《规避面试禁忌》任务书Ⅱ

任务	任务要求	组员姓名	任务分工
思考如何在面试过程中调整紧张心态	通过小组讨论，找出小郑在面试中出现的问题，派代表发言	组长：	统筹全组工作
		发言代表：	代表小组发言
		智囊团：	出谋划策，提供意见
你对小郑的面试满意吗？如果不满意的话，请谈谈原因			
如果你是小郑，面对招聘人员同样的反应，你会如何应对			
你有调整面试紧张心情的好方法吗			
师生总结			

我的放大镜

从案例中我们不难看出，面试中小郑和面试官各自的非语言行为对面试的结果产生了直接的影响。所谓面试中的非语言行为，是指面试双方由于各自的心理活动或习惯行为而体现在面部、肢体上的有意识或无意识动作。

相关调查表明：在影响面试结果的诸多因素中，有声部分的影响低于35%，无声部分的影响高于65%。面试的非语言行为，如积极的眼神接触、笑容、倾听的姿态、较小的人际距离等，都有利于面试评价。

借鉴小郑的经验，毕业生面试时应该注意以下几点。

第一，注意与面试官面部信息的沟通与交流。小郑在面试时总是低着头，除了表现出对面试官的不尊重以外，还表现出自己紧张、缺乏人际交往能力。据心理学家研究，面谈时，注视对方时间在三分之一以下，表示不诚实、恐慌；注视对方时间在三分之二以上，表示真诚、友好。另外，在面试中注视面试官，也是给面试官一个信号，即对他的谈话很感兴趣。但是，若直直地瞪着对方，会让对方不自在。

第二，严格自律，以职业化的行为模式要求自己。在面试中，毕业生应该表现出严谨、自律的工作态度，避免出现各种散漫的动作，以免给面试官留下轻浮、轻视交谈者等不好的印象。

第三，对面试过程中遇到的压力，不管面试官有意或无意为之，应从容应对，切忌采取对抗性措施。面试过程中，被面试者时常会遇到各种各样的难题，能否妥善处理，将会影响自己的心态以及面试官的评价。随着压力面试在面试中的广泛应用，能否处理好压力问题，越来越成为面试能否成功的关键因素。

第四，面试过程中，要严格控制心理活动对外在行为的影响，尤其是悲观心理活动的影响。毕业生应避免过多的心理活动，以免影响面试成绩。小郑在面试过程中，由于对面试官离场做出错误判断，导致漏听、错听面试官的提问，给面试官留下了“轻视公司”的印象。小郑两次消极的心理活动，都通过外在行为展现出来，最终导致面试失败。

我的记事本

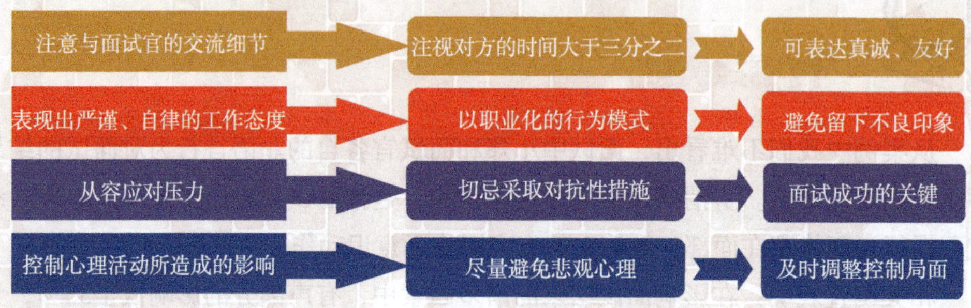

我的储蓄罐

在求职面试中，没有人能保证不犯错误。只是聪明的求职者会不断地修正错误，走向成熟。然而，在面试中即使是相当聪明的求职者也难免会犯错误，我们称之为“高级”错误。下面列举常见的十二种“高级”错误。

一、不善于打破沉默

面试开始时，应聘者不善“破冰”（即打破沉默），而等待面试官打开话匣。面试中，应聘者又出于种种顾虑，不愿主动说话，结果使面试出现冷场。即便能勉强打破沉默，语音语调也极其生硬，使场面更显尴尬。实际上，无论是面试前或面试中，应聘者主动致意与交谈，会留给面试官热情和善于与人交谈的良好印象。

二、与面试官“套近乎”

具备一定专业素养的面试官是忌讳与应聘者套近乎的，因为面试中双方关系过于随便或过于紧张都会影响面试官的评判。过分“套近乎”会在客观上妨碍应聘者在短短的面试时间内做出良好的专业经验与技能的陈述。聪明的应聘者可以列举一两件有根据的事情来赞扬招聘单位，从而表现出对这家公司的兴趣。

三、为偏见或成见所左右

有时候，参加面试前自己所了解的有关面试官，或该招聘单位的负面评价会左右自己面试中的思维。误认为貌似冷淡的面试官或是严厉或是对应聘者不满意，因此，十分紧张。还有些时候，应聘者发现面试官资历浅、经验不足，心中便开始嘀咕：“她怎么能有资格面试我呢？”其实，在招聘面试这种特殊的采购关系中，应聘者作为供方，需要积极面对不同风格的面试官（即客户）。一个真正的销售员在面对客户的时候，他的态度是无法选择的。

四、慷慨陈词，却缺乏案例

应聘者大谈个人成就、特长、技能时，聪明的面试官一旦反问：“能举一两个例子吗？”应聘者便无言应对。而面试官恰恰认为事实胜于雄辩。在面试中，应聘者要想以其所谓的沟通能力、解决问题的能力、团队合作能力、领导能力等取信于人，唯有举例。

五、缺乏积极态势

面试官常常会提出或触及一些让应聘者难为情的事情。很多人对此面红耳赤，或躲躲闪闪，或撒谎敷衍，而不是诚实地回答、正面地解释。例如，面试官问：“为什么5年中换了3次工作？”有人可能就会大谈工作如何困难，上级不支持等。最佳的策略是应聘者告诉面试官：虽然工作很艰难，自己却因此学到了很多，也成熟了很多。

六、丧失专业风采

有些应聘者面试时各方面表现都很好，可一旦被问及现在所在公司或以前的公司时，就会愤怒地抨击前老板或者公司，甚至大肆谩骂。在具备专业素养的面试官面前，这种行为是非常忌讳的。

七、不善于提问

有些人在不该提问时提问，如面试中打断面试官谈话并提问。也有些人面试前对提问没有足够准备，轮到有提问机会时不知说什么好。而事实上，一个好的提问，胜过简历中的无数笔墨，会让面试官刮目相看。

八、对个人职业发展计划模糊

对个人职业发展计划，很多人只有目标，没有思路。例如，当问及“你未来5年事业发展计划如何”时，很多人都会回答说：“我希望5年之内做到全国销售总监一职。”如果面试官接着问：“为什么？”应聘者常常会觉得莫名其妙。其实，任何一个具体的职业发展目标都离不开应聘者对个人目前技能的评估以及应聘者为胜任职业目标所拟订的粗线条的技能发展计划。

九、假扮完美

面试官常常会问："你性格上有什么弱点？你在事业上受过挫折吗？"有人会毫不犹豫地回答："没有。"其实这种回答常常是对自己的不负责任。没有人没有弱点，没有人会永远一帆风顺。只有充分地认识到自己的弱点，并且正确地认识自己所受的挫折，才能造就出真正成熟的人格。

十、被"引君入瓮"

面试官有时会考核应聘者的商业判断能力及职业道德方面的素养。例如，面试官在介绍公司诚实守信的企业文化之后问："你作为财务经理，如果我是总经理，要求你1年之内逃税1000万元，那你会怎么做？"如果你当场抓耳挠腮地思考逃税计谋，或文思泉涌，立即列举出一大堆方案，都证明你上了他们的圈套。实际上，在所有的正规企业中，遵纪守法是员工行为的最基本要求。

十一、主动打探薪酬福利

有些应聘者会在面试快要结束时主动向面试官打听该职位的薪酬福利等情况，结果是欲速则不达。应聘者最好不要主动打听为妙。其实，如果招聘单位对某一位应聘者感兴趣的话，自然会提及薪酬情况。

十二、不知如何收场

很多应聘者面试结束时，因为成功的兴奋，或失败的恐惧，变得语无伦次，手足无措。其实，面试结束时，作为应聘者，不妨表达你对应聘职位的理解，充满热情地告诉面试官你对此职位感兴趣，并询问面试的下一步进程是什么，面带微笑和面试官握手并谢谢面试官的接待。

求职者如何回答面试官的问题被录用的可能性最大

应聘者的答案越符合面试官的明确以及隐含的需求，被录用的可能性就越大。求职者的答案最好能够满足公司要求以及自己情况。虽然应聘者无法判断答案好的程度，但是，能确定以下答案是不好的。

- 所有答非所问的答案，无论应聘者的回答多么具体流畅。
- 所有能够证明应聘者无法胜任此工作的答案。
- 所有与简历或者自荐信上的内容矛盾的答案。
- 那些会表明因求职者自己能力不足导致的失败、不明智的决定、糟糕的结果等情况发生的答案。

经过今天的学习，相信大家已经掌握了不少知识。下面通过面试情景演练检验学习的成果，了解下一步需要努力的方向。

你言我语

两人一组分别扮演面试官、求职者，求职者预设求职岗位与求职企业，在面试题目下，填写答题思路，面试官向求职者提问下面的面试题目，求职者回答后总结面试策略。

面试问答解析

面试试题拓展

求职岗位：________　求职企业：________

面试官：对于出差你怎么看？

求职者：________________________________

面试官：你觉得还有哪些信息是我们需要了解的？

求职者：________________________________

面试官：你期望的薪资水平是怎样的？

求职者：________________________________

面试官：每周你有多少时间是和家人一起度过的？

求职者：________________________________

面试策略：________________________________

____

____

我思我想

一位人力资源总监的忠告

不要递给我花哨的简历，给我一份简洁（不是简单）又有特点的简历。面对成千上万的求职者，你真的以为招聘人员会去看那些千篇一律的求职信和装订成册的简历吗?

不要对我说太多的自我介绍，我不敢说3～5分钟就能够准确地判断你，但是30秒之内我就定格了对你的第一印象。我之所以很快结束你的面试，是因为在你后面排队的人真是太多了，我也曾经作为毕业生这样苦苦地等待，我只是为了给更多的人一个面试的机会。你认为我给你的时间太少，而流露出失望眼神的一刹那，就已经丢失了获得复试的机会。我永远坚持：你的信心就是我的希望。你的工作机会不是我给你的，而是你自己争取的。

不要一副“只要你招我，我什么都肯做”的姿态，这样给我一种“委曲求全”的感觉，我请你是因为你会为公司创造价值，所以不是你“求”职，而是我“请”你。这不是叫你摆姿态，而只是希望你挺起胸膛。

不要对我拒收你的简历报以失望的情绪。我不接收你的简历，不是你不行，而是不适合我的公司；不是不给你机会，而是不想给你根本不存在的期待（如果我收了，你会等待着我的通知）；不是我不给你面子，而是我不想浪费你的时间和金钱，尽管每一份简历只有一两元，但是我没有任何理由，去浪费属于你的1分1厘，我是在帮你节约，让你能够将它投给属于你的机会。我从不想当我拿不了那么多简历回公司的时候，把你的希望孤零零地留在招聘场地里；我更不希望，当招聘会结束以后，你的简历会在冷清的场地，像其他被丢弃的简历一样，如雪花般漫天飞舞，任人践踏。我绝不加入这样的行列，而宁愿拒收给你打击（你必须开始懂得直面这样的打击），因为你熬了多少个夜晚做出来的简历，代表的就是你，上面写着你的价值和尊严。我始终认为，绝对不可以否定你的价值，更不可以践踏你的尊严！

不要不敢说出和写下你毕业的学校，无论它好与坏，你是从那里走出来的，因为我绝对不会要这样的人：看到他父母的时候，因为他们的背景不好而不敢与他们相认；或者有一天离开我的公司，到一个更好的公司面试的时候，不好意思说我是来自一个500强以外的公司。对每一个公司来说，你的价值和价值观决定了一切。

不要给我罗列一大堆你的学习成绩和从事的所谓实习，因为很多毕业生也曾经到我这里来兜一圈，参观一下，盖个章，美其名曰“实习”。你只需要挑选一件特别的事情，简明扼要地说明过程和结果，让我知道你是怎样做事的。

不要不敢用眼睛看着我，你不敢瞧我的时候我也瞧不起你。

不要在回答“你的薪酬期望”的时候，说那么多废话。我不想听每个人都重复着“因为我是毕业生，没有社会经验，所以如果公司觉得这个要求太……我也可以……”我的钱也许是刚刚从银行取出来的，但是它们不会因为还没有被流通转手，而减损它的价值。其实，我不在乎你说的是5000元，还是1500元，我在乎的是你说出一个数字的那种语气、眼神。我尊重每个人都有自估劳动力价值的权利，但公司自有它的薪酬制度，不会特殊对待你。但我喜欢干脆利落的同事，干脆利落是一种自信，是一种做事风格，也是一种做人态度。我会固执地认为：你说出这个数字前后带了多少个字符，就表示你做事有多拖泥带水，或者你的自我认识是多么摇摆不定。

人生简短，价值无限，告诉世人你的独一无二，你就是你，你成就了你。

请谈谈这个忠告对你的启示。

____

____

____

____

____

____

____

____

____

每组搜集或自编一个犯了面试禁忌的案例，与老师、同学一起探讨、分析，并完成以下总结。

第一组案例	第二组案例	第三组案例	第四组案例	第五组案例
禁忌点：____	禁忌点：____	禁忌点：____	禁忌点：____	禁忌点：____

面试者：陈颖，女，20岁　　　专业：会计专业

我接到了一家知名企业的面试通知。这让我既高兴又紧张，因为我从来没有面试的经验。我在图书馆里泡了好几个晚上，阅读了《面试轻松过关》《面试宝典》之类的书，看得头昏脑涨。面试的那一天终于来到了，我走进考场后才发觉，与我同场面试的其他五个人都是男生。考场是一个很小的会议室，中间是一张圆桌。面试官坐在圆桌一边，我们几个人坐在另外一边。工作人员端来六杯水，其他几个男生直接拿起自己面前的水杯就开始喝。我转念一想，不对啊，几位面试官都还没有喝水呢，我们怎么可以先喝呢？于是很有礼貌地把杯子递给离我最近的一位面试官。“还是女孩子心细啊。”坐在中间的一位面试官说，另几个正在喝水的男生立刻羞愧了，面面相觑。我暗自得意，不忘对面试官们露出谦逊的微笑。

几位面试官介绍了公司运营方面的具体情况，也聊了聊我们的专业和对公司的想法。由于刚才的“喝水事件”，另外几个男生都比较拘谨，反倒是我和面试官们谈笑自如。这时，坐在正中央的主考官突然问了我一个意想不到的问题：“你的简历上写着会跳舞，你会跳哪种舞呢？”我立刻蒙了。小时候我的确学过一点舞蹈，后来就没再进行过舞蹈训练。要是说实话，多丢面子啊。于是我就扯个谎说会跳新疆舞，说完之后就觉得脸有些发热。谁知面试官要求我随便摆个姿势看看。我有些慌张，从头到脚都无所适从，只好站起来原地转了个圈。好不容易面试结束了，面试官们走出会议室讨论了一下，把我叫了出去。

“根据你的性格特点，我们想把你安排在外事部门，不过户口方面可能还需要再争取。”

听到这句话，我愣住了：“你们不是答应可以解决吗？”后半句被我吞进了肚子，我的感觉越来越不妙。要是户口解决不了，我也许根本就不会来应聘……我左思右想，轻轻咬着下唇说：“要不，我跟爸爸、妈妈商量一下。”

主考官也突然愣了一下，我马上意识到，自己似乎说错了什么……

你知道陈颖究竟说错了什么吗？

____

____

____

项目三　胜券在握——提升面试技巧

一、任务布置　二、…　三、…　四、…　五、…　六、…

情景一

你到底是将军还是士兵？

艾米去某公司应聘助理，经理突然发问：“你准备如何做好这份工作啊？”对此，艾米胸有成竹道：“我会全力以赴开展工作。每周提交个人小结，每月自拟一份部门计划方案给您审批。我相信凭我的能力不仅能够胜任助理之职，在不久的将来一定可以成为部门内最得力的干将！您会发现录用我绝对物超所值！”最终，艾米被面试官以最经典的婉拒方式答复：请回家等待通知！

请想想艾米应聘的岗位是什么？她的回答能体现其能力与应聘岗位相符吗？

情景二

“欢迎加入本公司！请问你什么时候能够上班?”

应对面试官这样的提问，往往有两种回答：

A. 现在就可以！

B. 下周一如何？我还需要调整几天。

浩浩过五关斩六将，终于如愿被聘为某企业网络管理人员。经理问他何时可以正式上班。正在欢欣鼓舞中的浩浩，随口便答：“现在就可以。”“那太好了!”经理很高兴，连忙通知行政部准备好办公用的计算机，并安排配套办公用品，紧接着还让浩浩参加了新技术开发讨论会，而浩浩也幸运地被编入了相关工作小组，边适应新工作边开始参与新技术的研发。

假如回答是B，浩浩的应聘成功概率又会是多少呢?

____

____

____

____

____

____

____

____

知识目标：求职应聘，你不是为面试官工作，而是为背后的老板工作。面试时，虽然表面上是面试官在“选择”你，但每一位面试官肯定都是带着老板的意图去选择的。也就是说，最终选择你的人还是老板。因此，要成为被招聘单位欢迎的人才，必须首先合老板的“胃口”，了解他们的喜好和需要。

任务一

任务描述

你想知道老板聘请员工时想要什么样的人吗？你若认为只是能将工作做到最好的员工，那么你就大错特错了。

任务实施

根据任务完成的情况，如实填写任务书。

《老板最希望招聘到的员工》任务书Ⅰ

任务	任务要求	组员姓名	任务分工
分析案例，参与讨论	请站在企业的立场，思考企业的老板最希望招聘到的经理助理，应具备怎样的素质及能力	组长：	统筹全组工作
		发言代表：	代表小组发言
		智囊团：	出谋划策，提供意见
经理助理这一职位应具备怎样的素质及能力			
艾米的言语体现出怎样的性格特点			
艾米是否适合经理助理岗位？原因是什么			
师生总结			

任务二

任务描述

任务实施

根据任务完成的情况，如实填写任务书。

《老板最希望招聘到的员工》任务书Ⅱ

任务	任务要求	组员姓名	任务分工
探寻企业老板期盼听到应聘者对于面试的回答	通过小组讨论，提出回答建议，派代表发言	组长：	统筹全组工作
		发言代表：	代表小组发言
		智囊团：	出谋划策，提供意见
上下级之间应该怎样交流			
你重视细节吗			
在决定某一职位聘用人员时，你认为哪些素质和技能是最重要的			
何时可以上班的问题该如何回答			
师生总结			

我的放大镜

面 试 技 巧

一、面试中应注意的问题

应聘者要想在面试答辩中获得成功，必须注意以下几个问题。

（一）淡化面试的成败意识

一位应聘者在面试前自认为各方面都比别人优秀，因此，他认为自己可以高枕无忧了。谁知主面试官在面试中出其不意，提了一个他毫无准备的问题。顿时，他乱了阵脚。等到主面试官再提些简单的问题时，他仍无法从刚才的挫败感中走出来，最终落选。应聘者对于面试的成败，首先在思想上应注意淡化，要有一种“不以物喜，不以己悲”的超然态度，才会处变不惊。如果只想成功，不许失败，那么在面试中一旦遇到意外情况，就会惊慌失措，一败涂地。

（二）保持自信

应聘者在面试前应树立自信，在面试中也要始终保持自信，只有保持了自信，才能够在面试中始终保持高度的注意力、缜密的思维力、敏锐的判断力、充沛的精力，最终夺取面试的胜利。

（三）保持愉悦的精神状态

愉悦的精神状态能充分地反映人的精神风貌。所以，应聘者保持了愉快的精神状态，面部表情就会和谐自然，语言也会得体流畅。反之，应聘者就会给人一种低沉、缺乏朝气和活力的感觉，给主面试官或者主持人留下一种精神状态不佳的印象。由此可见，面试中一定要注意保持愉悦的精神状态。

（四）树立对方意识

应聘者始终处于被动地位，面试官始终处于主动地位。他问你答，一问一答。正因为如此，应聘者要注意树立对方意识。首先，要尊重对方，对面试官要有礼貌，尤其是当面试官提出一些难以回答的问题时，应聘者脸上不要露出难看的表情，甚至抱怨面试官。当然，尊重对方并不是要一味地逢迎对方，看对方的脸色行事，对面试官的尊重是对他人格上的尊重。其次，在面试中不要一味地提到“我”的水平、“我”的学识、“我”的文凭、“我”的抱负和“我”的要求等。“我”字太多，会给面试官留下目中无人的印象。因此，要尽量减少“我”字，要尽可能地把对方单位摆进去，比如“贵单位向来重视人才，这一点大家都是清楚的，这次招聘那么多人来应聘就说明了这一点。”这种话既得体，又表现出强烈的对方意识，面试官们是很欢迎的。再次，面试官提问后，你再回答，不要面试官没有提问，你就先谈开了，弄得面试官要等你停下来才能提问。既耽误了时间，也会给面试官带来不悦。面试结束后，要记得向面试官道声“谢谢”和“再见”。

（五）语言要简洁流畅

面试有着严格的时间限制。因此，面试语言要做到言简意赅、一语中的。同时，语言要有条理性、逻辑性，讲究节奏感，保证语言的流畅性。切忌含含糊糊、吞吞吐吐，这会给面试官或主持人留下不好的印象，可能因此导致面试的失败。因此，应聘者一定要注意面试语言的简洁性和流畅性。

（六）不要紧张

有些应聘者尽管在面试前已做好了充分的心理准备，但是一进面试室就紧张起来。有些应聘者在答辩中遇到“卡壳”时，心情便立刻变得更紧张。在这两种情况下如何缓解心理紧张呢？我们要分析紧张的原因。这种过度的紧张是由于应聘者的卑怯心理和求胜心切造成的。因此，应聘者一进面试室，应该去掉“不如他人”的意识，确立“大家都差不多，我的水平与其他人一样”的意识，有了这种意识，紧张的情绪就会减少一大半。随着面试的开始，紧张情绪就有可能完全消失。对于遇到“卡壳”而紧张的问题，如果抱着“能取胜则最好，不能胜也无妨”的态度，紧张就会即刻消失，很快就进入正常的面试状态，有可能出现“柳暗花明又一村”的情况。所以，应聘者在面试中一定不要紧张。

（七）仪态大方，举止得体

女士大胆前卫、浓妆艳抹的装扮，男士戴夸张戒指、留长头发等标新立异的装扮都不太适合面试场合，会给面试官留下不好的印象。应聘者入座以后，尽量不要出现抖腿、转笔、摸头、吐舌头等小动作，这很容易给面试官幼稚、轻佻的印象。一般来说，穿着打扮应力求端庄大方，可以稍作修饰。男士可以把头发整理得整齐一点，皮鞋擦得干净一些，女士可以化个淡雅的职业妆。总之，应聘者应给面试官自然、大方、干练的印象。

（八）平视面试官，不卑不亢

面试时，相当一部分应聘者不能很好地控制自己的情绪，容易走向两个极端。一是妄自菲薄，觉得坐在对面的面试官都博学多才、身居要职，回答错了会被笑话。所以，表现得畏首畏尾，欲言又止。二是有些应聘者在学校里担任过学生会干部，组织过很多活动，社会实践能力很强，表现得很自信，进入面试室如入无人之境，对面试官嗤之以鼻。这两种表现都不可取，都会影响到应聘者的面试得分。最好的表现应是：平视面试官、彬彬有礼、不卑不亢。应树立三种心态：第一，双方是合作不是比试。面试官对应聘者的态度一般是比较友好的，他肩负的任务是把优秀的人才挑选到企业，而不是想和应聘者一比高低，所以应聘者在心理上不要定位谁强谁弱的问题，那不是面试的目的。第二，应聘者是在通过竞争谋求职业，而不是向面试官乞求工作，录用与否的关键在于自己的才能以及临场发挥情况，这不是由面试官主观决定的。第三，面试官来自不同的行业，一般都具有较高的学历和多年的工作经验，理论水平较高，工作经验也比较丰富。但他们毕竟是人，有其所长，也有其所短，说不定你所掌握的一些东西，他们不一定了解。

（九）辩证分析，多维答题

辩证法是哲学的基本原理和方法。应聘者应具备一定的哲学知识和思维，回答问题不要陷入绝对的肯定和否定，应多方面进行考虑。从以往面试所出的题目来看，测评的重点往往不在于应聘者答案的是与非，或是观点的赞同与反对，而在于分析说理让人信服的程度。要辩证地分析问题、解决问题，而不要简单地乱下结论，有时还要从多个角度去思考，具体情况具体分析。

（十）冷静思考，理清思路

一般说来，面试官提出问题后，应聘者应稍作思考，不必急于回答。即便是面试官所提问题与应聘者事前准备的题目有相似性，也不要在面试官话音一落立即答题，那会让面试官感觉应聘者是在背诵事先准备好的答案，而不是通过自己的思考回答问题。如果是以前完全没有接触过的题目，则更要冷静思考。磨刀不误砍柴工，匆忙答题可能会出现东拉西扯、没有条理性、眉毛胡子一把抓的情况。经过思考，理清思路后抓住要点、层次分明地答题效果要好一些。

二、面试自我介绍技巧及范例

很多人在面试自我介绍过程中都会有些紧张，一紧张就会影响到自己的表达。千万不要轻视自我介绍，它既是打动面试官的敲门砖，也是推销自己的好机会，因此一定要好好把握自我介绍这一环节。那么，如何自我介绍呢?

第一，接到面试通知后，提前打个自我介绍的草稿，然后试着讲述几次。

第二，自我介绍前应礼貌地做一个简短的开场白，并向所有的面试人员示意，如果面试官正在注意别的东西，可以稍微等一下，等他们注意力转过来后再开始。

第三，注意掌握时间，如果面试官规定了面试时间，一定要注意掌握时间，既不能超时太长，也不能过于简短，以2～3分钟为宜。

第四，介绍的内容不宜太多地停留在诸如姓名、教育背景、工作经历之类的东西上，因为这些在简历上已经有了。

第五，在做自我介绍时，眼睛不要东张西望，四处游离，显得漫不经心的样子。这会给人做事随便、注意力不集中的印象。眼睛最好要多注视面试官，但也不能长久注视、目不转睛。尽量少加一些辅助的手势动作，因为这毕竟不是在做演讲，保持一种得体的姿态也是很重要的。

第六，要与自己的情况基本符合，不可夸张。面试中的自我介绍不可避免地会有一些人为修饰的成分，这些修饰主要是对自己的优点、个性等的总结提炼，而不是有意夸大或制造出事实上并不存在的优点，总的来说应与个人情况基本相符。

第七，在自我介绍中，应当结合岗位的特点重点介绍自身的优势，而这些优势必须是应聘岗位所要求的，可以从专业背景、学习成绩、能力、兴趣、性格等方面展开论述。

第八，自我介绍结束时要根据场景、自己的表现及面试官当时的话语，说感谢之类的话语。

自我介绍范文如下。

电子商务专业学生自我介绍

我叫×××，来自0201班，就读于电子商务专业。下面简单地介绍一下我自己：

本人就读于广东省××××学校，将于××××年×月毕业。我非常珍惜在校期间的学习机会，认真学习文化课程，熟练地掌握专业技能。与此同时，我认真学习做人做事的道理。三年来的学习生活磨炼出一个自信和上进的我。

作为一名21世纪的职业院校毕业生，我们面临着新的挑战——不仅要有扎实的专业技能，还需要有多方面的综合素养。因此，在校期间，我努力学习计算机网络和网页设计、互联网技术、Windows Server 2019、微机原理、跟单信用证、英语函电及国际贸易实务等知识。除此之外，还选修了商务代理、Photoshop图像处理以及物流知识等课程以提高自己的综合素质。鉴于此，我希望能在毕业后谋得一职位，用自己所学之技为社会贡献出自己的微薄之力。对待学习我认真努力，对待工作我同样也能做到爱岗敬业、谨慎负责、一丝不苟。我乐观、热情、诚恳、宽容。本着“迎难而上”的精神，我相信自己能够克服各种困难，胜任将来的工作。

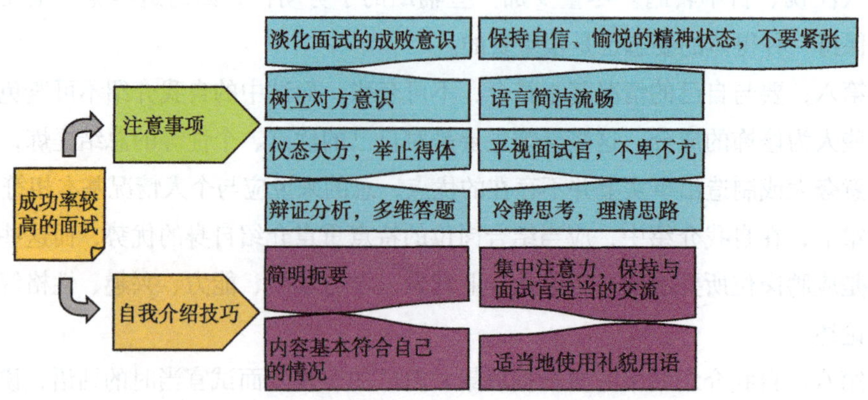

常规面试的问答环节建议

Tips1：背景、经历了解环节

这个环节是面试开始的基础环节，也是导入环节。虽然应聘者的基本情况已经在简历中写明，但是面试人员还是会通过这一个环节加深对应聘者的了解，同时对应聘者经历中的个别事项，进行深度询问。应聘者应把握实事求是的原则，所陈述的要与自己简历中写的保持一致，不然会给对方留下自我夸大或虚伪的印象。典型问题如“请你做个简单的自我介绍”“谈谈你的家庭”“你有什么业余爱好”等。

Tips2：能力、素质沟通环节

这个环节是面试人员考察应聘者自身实力的环节，也是应聘者展示才华的机会。应聘者需要注意的是，对问题的回答要表现出自己的职业成熟度，尽可能避免模糊回答，至少要体现出自己思路清晰、人品端正。典型问题如“你具备什么资格证书”“你的计算机能力如何”“如果你的工作团队中有一名队员工作效率低，常拖团队的后腿，你会怎么做”等。

Tips3：工作实际问题沟通环节

这个环节是考察应聘者的工作经验、阅历、实际操作能力和与应聘岗位的匹配度等方面的关键环节。应聘者应把握好具体岗位工作的基本流程与原则，同时结合自身经验，谈出自己的观点。典型问题如“你有什么社会实践经验”“请你谈一下和本工作有关的工作经验”“取得过怎样的业绩，是怎样做到的”等。

Tips4：合作与发展愿景沟通环节

这个环节是考察应聘者求职动机的环节。应聘者在回答这类问题时不可好高骛远，也不可没有自己的原则和底线。应聘者可以谈自己近期的职业规划与人生规划，在沟通中寻找双赢的结合点。此类问题如“请你谈谈未来五年的职业发展规划”“请你谈谈你的职业目标”等。

企业聘请员工常会考虑的因素

你想知道企业聘请员工时会考虑哪些因素吗？若你认为最重要的是找到能将工作做到最好的员工，那么你就大错特错了。企业当然想聘请能将工作做到最好的员工，但他们最想要的不只是这个。以下四项是企业在面试时通常会考虑的因素。

1）你是否容易相处，并且能与人一起工作？每个面试官在面试时，最想知道的问题是“我喜欢此人吗”，没有人想聘请一个态度恶劣、专搞破坏、固执或不友善的人。你应该怎样塑造一个良好的形象呢？这是个很难回答的问题。不同的企业有不同的想法。一些企业喜欢直言坦率的员工，一些企业却喜欢沉静乖巧的员工。最佳的方法就是做回你自己，若面试人员不喜欢你，你也不会喜欢与他们一起工作的。

2）要用多少钱聘请你？企业是有一笔预算金额聘请员工的。你要求的薪酬是否符合企业的预算呢？不要太担心这个问题，只需在面试前决定你预期的薪酬就可以。若面试人员不能给你要求的薪酬，就另找其他雇主吧！不过，你要弹性处理薪酬要求，不要令自己的薪酬与市场脱节。

3）你是否积极工作？你是否准时上班？你会否经常请假？若你真的不重视你的工作，即使你有特别技能，也是无益于工作的。

4）你是否能应对工作？这基本上是企业最关注的事情，你的技能是否比其他应聘者好反而是次要的问题。面试官希望知道：你是否能妥善完成工作？你有什么技能？你是否可以很快肩负起新工作？你是需要经常督促才会工作，还是可以在最少的指导下完成工作？

面试官的常见问题

面试过程中，面试官会向应聘者发问，而应聘者的回答将成为面试官考虑是否录用的重要依据。对应聘者而言，了解这些问题背后的“猫腻”至关重要。下文对面试中经常出现的一些典型问题进行了整理，并给出相应的回答思路和参考答案。我们无须过分关注分析的细节，关键是要从这些分析中“悟”出面试的规律及回答问题的思维方式，能够做到活学活用。

序号	问题	问题目的	答题思路及技巧	备注
1	请你自我介绍一下	了解个人信息	1. 介绍内容要与个人简历一致 2. 表述尽量口语化 3. 简明扼要，不谈无关、无用的内容 4. 条理要清晰，层次要分明 5. 事先最好以文字的形式写好并能熟练表达	面试的必考题目
2	谈谈你的家庭情况	家庭情况对于了解应聘者的性格、观念、心态等有一定的作用	1. 简单地罗列家庭人口 2. 宜强调温馨和睦的家庭氛围 3. 宜强调父母对自己教育的重视 4. 宜强调各位家庭成员的良好关系 5. 宜强调家庭成员对自己工作的支持 6. 宜强调自己对家庭的责任感	

（续）

序号	问题	问题目的	答题思路及技巧	备注
3	你有什么业余爱好	业余爱好能在一定程度上反映应聘者的性格、观念、心态	1. 最好不要说自己没有业余爱好 2. 不要说那些庸俗的、令人感觉不好的爱好 3. 最好不要说自己的爱好仅限于读书、听音乐、上网，否则可能令面试官怀疑应聘者性格孤僻 4. 最好能有一些户外的业余爱好来“点缀”你的形象	
4	你最崇拜谁	最崇拜的人能在一定程度上反映应聘者的性格、观念、心态	1. 不宜说自己谁都不崇拜 2. 不宜说崇拜自己 3. 不宜说崇拜一个虚幻的或是不知名的人 4. 不宜说崇拜一个明显具有负面形象的人 5. 所崇拜的人最好与自己所应聘的工作能“搭”上关系 6. 最好说出自己所崇拜的人的哪些品质、哪些思想感染、鼓舞着自己	
5	你的座右铭是什么	座右铭能在一定程度上反映应聘者的性格、观念、心态	1. 不宜说那些容易引起不好联想的座右铭 2. 不宜说那些太抽象的座右铭 3. 不宜说太长的座右铭 4. 座右铭最好能反映出自己某种优秀品质	
6	谈谈你的缺点	了解应聘者是否认真分析过自己，反省过自己	1. 不宜说自己没缺点 2. 不宜把那些明显的优点说成缺点 3. 不宜说出严重影响所应聘工作的缺点 4. 不宜说出令人不放心、不舒服的缺点 5. 可以说出一些对于所应聘工作“无关紧要”的缺点，甚至是一些表面上看是缺点，从工作的角度看却是优点的缺点	

（续）

序号	问题	问题目的	答题思路及技巧	备注
7	谈一谈你的一次失败经历	了解应聘者对待失败的态度以及是否总结失败的经验	1. 不宜说自己没有失败的经历 2. 不宜把那些明显的成功说成是失败 3. 不宜说出严重影响所应聘工作的失败经历 4. 所谈经历的结果应是失败的 5. 宜说明失败之前自己曾信心百倍，尽心尽力 6. 说明是由于外在客观原因导致的失败 7. 失败后自己很快振作起来，以更饱满的热情面对以后的工作	
8	你为什么选择我们公司	面试官试图了解应聘者求职的动机、愿望以及对此项工作的态度	建议从行业、企业和岗位这三个角度回答	回答范例：“我十分看好贵公司所在的行业，我认为贵公司十分重视人才，而且这项工作很适合我，相信自己一定能做好。”
9	对此项工作，你有哪些可预见的困难	了解应聘者的预测能力，以及有何应对方法	1. 不宜说出具体的困难，否则可能令对方怀疑应聘者的能力 2. 可以尝试迂回战术，说出应聘者对困难所持有的态度	回答范例：“工作中出现一些困难是正常的，也是难免的，但是只要有坚韧不拔的毅力、良好的合作精神，以及事前周密而充分的准备，任何困难都是可以克服的。”
10	如果我录用你，你将怎样开展工作	评判应聘者是否对自己有一定程度的期望，以及对这份工作是否了解	1. 如果应聘者对于应聘的职位缺乏足够的了解，最好不要直接说出自己开展工作的具体方法 2. 可以尝试采用迂回战术来回答	回答范例：“首先听取领导的指示和要求，然后了解和熟悉有关情况，接下来制订一份近期的工作计划并报领导批准，最后根据计划开展工作。”
11	与上级意见不一致时，你将怎么办	了解应聘者的执行力、沟通能力和协调能力，对工作的责任感	1. 首先给上级以必要的、私下的解释和沟通，在无效的情况下，又不会给公司造成重大损失，我会服从上级的意见 2. 如果上级的决定会给公司造成重大损失，而我的解释和沟通无效时，我希望能向更高层领导反映	

（续）

序号	问题	问题目的	答题思路及技巧	备注
12	我们为什么要录用你	是否能站在招聘单位的角度思考问题	招聘单位一般会录用这样的应聘者：基本符合条件、对这份工作感兴趣、有足够的自信心	回答范例："我符合贵公司的招聘条件，凭我目前掌握的技能、高度的责任感和良好的适应能力及学习能力，完全能胜任这份工作。我十分希望能为贵公司服务，如果贵公司给我这个机会，我一定能成为贵公司的好员工！"
13	你能为我们做什么	了解未来的员工能为企业做什么	1. 基本原则是"投其所好" 2. 回答该问题之前应聘者应先了解招聘单位期待该职位所能发挥的作用 3. 强调自己的优势，并结合自己在专业领域的优势来回答该问题	
14	你是应届毕业生，缺乏经验，如何能胜任这项工作	考察应聘者的临场应变能力	1. 如果招聘单位对应届毕业的应聘者提出这个问题，说明招聘公司并不真正在乎"经验"，关键看应聘者怎样回答 2. 对这个问题的回答最好要体现出应聘者的诚恳、机智、果敢及敬业	回答范例："作为应届毕业生，在工作经验方面的确会有所欠缺，因此在读书期间我一直利用各种机会在这个行业里做兼职。我也发现，实际工作远比书本知识丰富、复杂。但我有较强的责任心、适应能力和学习能力，而且比较勤奋，所以在兼职中均能圆满完成各项工作，从中获取的经验也令我受益匪浅。请贵公司放心，学校所学及兼职的工作经验使我一定能胜任这个职位。"
15	你希望与什么样的上级共事	通过应聘者对上级的"希望"可以判断出应聘者对自我要求的意识	最好能回避对上级具体的希望，多谈对自己的要求	回答范例："作为刚步入社会的新人，我应该多要求自己尽快熟悉环境，适应环境，对于环境我没有什么要求，只要能发挥我的专长就可以了。"

经过今天的学习，相信大家已经掌握了不少知识。下面通过面试情景演练检验学习的成果，了解下一步需要努力的方向。

你言我语

两人一组分别扮演面试官、求职者，求职者预设求职岗位和求职企业，在面试题目下，填写答题思路，面试官向求职者提问下面的面试题目，求职者回答后总结面试策略。

面试问答解析

面试试题拓展

求职岗位：________ 求职企业：________

面试官：从实习经历中，你学到了什么？

求职者：________________________________

面试官：你在上一份兼职工作中最大的成就是什么？

求职者：________________________________

面试官：你认为哪种同事最难相处？

求职者：________________________________

面试官：你最喜欢的工作是什么？

求职者：________________________________

面试策略：________________________________

____

____

我思我想

你也会这样做自我介绍吗？

李雨晴碰上了一位赞美她名字的面试官："李雨晴，你的名字很好听呀！"对此，李雨晴的应答却不尽如人意："是吗？谢谢！这个名字比较符合我的性格，雨是比较温柔的，晴是比较热烈的，我觉得我的个性既有顺从的一面，也有比较热烈积极的一面。""我来自广东肇庆，您去过吗？"恰巧几位面试官都没有去过肇庆，当场气氛显得十分尴尬。"其实以我的平时成绩是可以进高中的，但是中考时没发挥好。我虽然不是大学生，但是我相信自己绝对不比那些大学毕业生差，我一直非常刻苦，每一学期都拿奖学金，我发誓一定要比他们还要优秀……""我觉得我学会了与人沟通，学习了团队精神，也锻炼了自己的领导能力和组织能力……"

李雨晴的自我介绍能让面试官对她留下好印象吗？谈谈你的想法。

模拟面试

成立招聘小组，举办模拟招聘会，营造一种求职竞聘的氛围，使所学的就业知识得到巩固，及时、客观、真实地评价每位学生在招聘过程中的表现，由教师当场点评。

一、模拟面试流程

1. 分组：将学生按拟定的模拟职位分成若干个小组，每个小组5～6人。

2. 按小组依次进行面试：面试按“多对多”的方式进行，面试过程中，一名学生当求职者，其他学生和教师一起当面试官，或在下面聆听。每名学生依次面试，选出一名学生代表做全班的示范性面试。

应聘者先进行自我介绍，每人1分钟。然后，面试官按求职岗位基本要求进行提问，面试时间为10分钟。在此期间用多媒体展示面试官经常提问的问题供学生们参考。

3. 点评：首先，面试官就礼仪、形象方面进行点评。再解释应聘考题及考查方向和应答注意的问题。最后，面试官进行面试技巧点评（表现的优缺点等）。

4. 教师答疑解难。

二、模拟面试要求

1. 要求参加模拟面试者都要按角色进入面试情境。
2. 面试前要设定好求职岗位，并按照岗位条件设计好一分钟自我介绍内容。
3. 要求每名学生都轮换一次。

三、评分标准

1. 根据现场的表现，考查学生的综合素质。

2. 根据学生选择的应聘岗位是否适合自己，学生参加面试前应聘材料准备情况，应答的能力、水平，临场从容、灵活程度以及应聘礼仪等方面进行综合考查。

3分钟自我介绍

通过学习和了解企业对员工的期望，针对你希望应聘的企业和岗位，准备一个3分钟的自我介绍，并写在下面。

项目四 完美善后——解决面试后遗

一、任务布置 二、… 三、… 四、… 五、… 六、…

情景一

机会：靠自己争取

某大型汽车销售公司到张华所在的职业院校招聘，除了技术员工已经确定以外，同学们争夺剩下的几个销售名额。一眼望去，人群中熟悉的面孔太多了，仅仅是当过学院学生会干部的就有十几个。

第一轮面试分批进行，每批10人，一个小时才完成一批，外面的人等得着急。面试官要求应聘者轮流自我介绍，并随机提问。张华是同一批10个人中唯一一个被问了问题的，于是自我感觉良好。面试官提到："面试成功的14点前会接到我们的电话，接不到电话的不再进入下一轮面试。"13点面试完，张华匆匆吃了个午饭，又返回会场，首轮面试的成功者已经在进行第二轮面试了！他有点失望，但不绝望，因为毕竟是自己第一次参加面试，找到失败的原因总结经验才是最重要的。

于是，张华对正在休息的一个面试官介绍了自己的情况，表明了自己想进入面试的愿望，刚好第二轮面试完，几位面试官在临走前留下最后10分钟给进入第二轮面试的同学提问题。"你也进来听一下吧。"他对张华说。

提问题前，面试官点了所有人的名字，并问"还有谁没点到名字？"张华举起手："我叫张华，相信你们也对我有一定印象。虽然没有接到进入第二轮面试的电话，但我对贵公司很感兴趣，觉得自己完全符合贵公司的要求，也希望贵公司能再给我一个机会。”一位面试官立刻在已淘汰的那堆简历中翻出了张华的简历，放进了第二轮面试那叠简历中。就这样，张华抓住了机会，迅速改变了局面。

你具备张华这样的勇气吗？我们怎样才能具备这样的勇气？

____

____

____

____

____

____

____

情景二

一封感谢信

布莱恩·史蒂文斯曾经在一家软件公司干了8年的程序员，正当他工作得心应手时，公司却倒闭了，他不得不为了生计重新找工作。这时，微软公司招聘程序员，待遇相当不错，史蒂文斯信心十足地去应聘。凭着过硬的专业知识，他轻松过了笔试关，对两天后的面试，史蒂文斯也充满信心。然而，面试时面试官的问题却是关于软件未来发展方向的，这点他从来没有考虑过，故遭淘汰。

史蒂文斯觉得微软公司对于软件产业的理解，令他耳目一新，深受启发，于是他给公司写了一封感谢信：“贵公司花费人力、物力，为我提供笔试、面试机会，虽然落选，但通过应聘使我大长见识，获益匪浅。感谢你们为之付出的劳动，谢谢！”3个月后，微软公司出现职位空缺，史蒂文斯收到了录用通知书。十几年后，凭着出色业绩，史蒂文斯成为微软公司的副总裁。

谈谈史蒂文斯的求职经历带给你的启发。

知识目标：面试结束后，并不是只能坐等成功或束手待毙，你还有一些事情可以去做，这是一种礼貌，更是提高求职成功率的好办法。

任务一　任务描述

面试后，善后工作也很重要。我们该如何做呢？

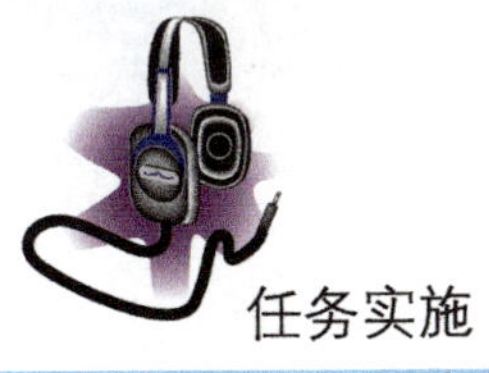

任务实施

根据任务完成的情况，如实填写任务书。

《完美善后》任务书 I

任务	任务要求	组员姓名	任务分工
面试结束后，应聘者还需要做哪些善后工作	根据情景一、情景二，小组讨论：面试结束后，应聘者还需要做哪些善后工作，选派代表发言	组长：	统筹全组工作
		发言代表：	代表小组发言
		智囊团：	出谋划策，提供意见
面试结束后，应聘者还需要做的善后工作包括哪些？ ____________________ ____________________ ____________________ ____________________ ____________________。			
师生总结			

任务二

任务描述

面试结束后，大部分求职者觉得面试结束了，等着公司的通知就行了。其实，面试后还有许多工作要做，写面试后的感谢信就是其中之一，怎样写面试感谢信才合适呢？

任务实施

根据任务完成的情况，如实填写任务书。

《完美善后》任务书Ⅱ

任务	任务要求	组员姓名	任务分工
完善史蒂文斯的感谢信	通过小组讨论，完善史蒂文斯的感谢信	组长：	统筹全组工作
		发言代表：	代表小组发言
		智囊团：	出谋划策，提供意见
史蒂文斯的感谢信很真诚，你认为还有哪些可以补充和完善的地方吗			
如果想进一步表达渴望得到在微软公司工作的机会，史蒂文斯的感谢信还可以增加哪些内容			
师生总结			

我的放大镜

面试后的必备工作：感谢信

面试结束后，大部分求职者觉得面试结束了，等着公司的通知就行了。其实，面试后还有许多工作要做，写面试后的感谢信就是必须做的工作。面试感谢信是对面试官的尊重，可以加深面试官对你的良好印象。面试后的感谢信写得好，会增加录用机会。下文就告诉你如何写面试后的感谢信。

面试后要想办法取得面试官的联系方式，然后认真写封感谢信。

记住一定要在面试当天或接下来一两天内写好感谢信并发送！

感谢信的内容不仅是简单的感谢，还可以再次强调自己的优势所在和渴望得到这份工作的心情。面试感谢信要注意以下几点。

1. 要以感谢开头

面试感谢信要以感谢面试官在百忙之中抽时间与你会面为开头，一定要在信中“点名”感谢你的面试官，此时一定要注意，把面试官的姓名与职务写对了；写对了不会为你加分，可一旦写错了，则是非常不礼貌的事情，反而弄巧成拙。

在表达感谢与赞赏的时候，要懂得赞赏，不要泛泛地写贵公司是优秀的公司，而要真诚地指出诸如你对公司或面试程序中具体哪个细节印象深刻，感谢在面试中学到的东西，贵公司的发展很有潜力之类的话语。

2. 重申你与职位的匹配

随后重申你通过面试，对该公司及该公司招聘的职位有了进一步的了解，因而对这个岗位有了更加浓厚的兴趣，并且在感谢信中，想办法提醒面试官，你能够如何利用你的专业、技术或者工作经验，来不断满足该岗位工作的某些关键性需求。

这部分内容要组织好语言，面试感谢信不同于简历、求职信的地方，就在于它是可以加入自己的主观感受的，这种主观感受能使这封感谢信读起来情真意切，让面试官看到亲切、活生生的你，从而打动面试官。

面试后的感谢信可以弥补面试或简历中的不足。

3. 强调自己想得到这份工作的热情

感谢信的言语要言简意赅、重点突出，这样不仅能够加深面试官对你的印象，还可借此扩展自己的人际关系。

因此，我们不能小看这短短的信笺，要利用面试感谢信抓住工作机会。

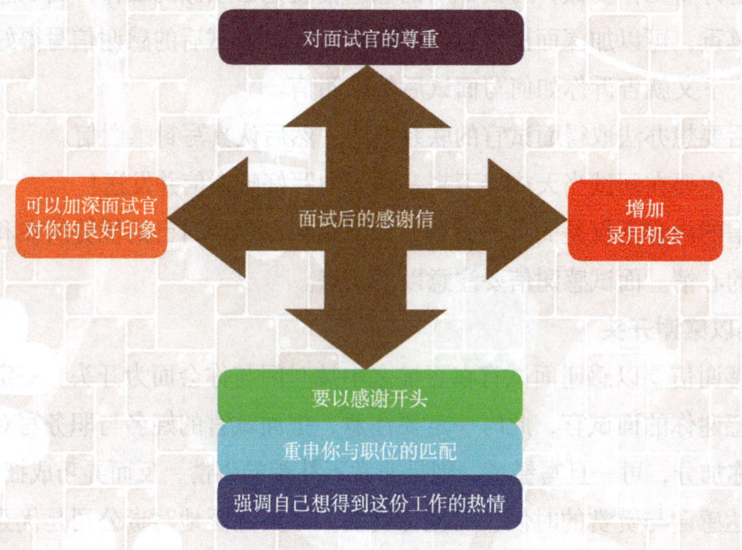

感谢信范文

尊敬的×××：

您好！

我是12月15日上午到贵公司应聘办公室职员的××。非常感谢您给了我这次面试机会！很高兴认识您，跟您的谈话是一次愉快而收获甚大的经历。

通过这次谈话，我更加深刻地了解了贵公司，尤其是贵公司的企业文化，感受到这是一家有社会责任感的公司。在面谈中，您对公司的真挚情感溢于言表。您资深的专业水平、深入细致的洞察力、亲和力，以及您的谈吐都令我敬佩不已。您是我今后学习的榜样。

能够与您认识是我的荣幸，若能进入贵公司协助您办事，并得到您的指点，为实现企业目标而努力，将是我职业生涯中的一件幸事！

面试中，我也了解到此岗位的职责与要求，结合自己的学习、实践经历，我有信心能够胜任此工作岗位。相信通过贵公司的指导和帮助，我将在电子商务领域内快速成长。在这里就本人为何应聘办公室职员岗位，作如下几点总结：

1. 贵公司的产品技术含量高，与我所学的专业吻合，相信专业出身的我对产品性能、技术指标的深入了解将有助于销售目标的实现。

2. 对于销售工作，我是非常有激情的，愿意投入自己的时间与精力，把销售工作做好。

3. 虽然我是应届毕业生，但我也参与过本专业网络论坛的管理与市场推广、广告赞助等活动，积累了一定的销售经验。

我认为自己适合贵公司该岗位。我迫切希望公司能给我一次锻炼的机会，我必将全力以赴、不辱使命，为公司发展做出应有的贡献！

我真诚希望能有机会和您共同工作，期待能为公司的发展贡献一份力量，期待贵公司是我职业生涯开始的地方。

再次感谢！

此致

敬礼！

××

××××年××月××日

给面试画上完美句号

- 巩固：如果面试是在同事或者朋友的引荐下进行的，不要忘记给介绍人发送一封感谢信。
- 回忆：在面试的过程中，自己哪些方面表现得比较好，哪些方面表现得比较差，回忆面试的整个过程，保证在下一次面试的时候会做得更好。注意，不要因为自己的失误而埋怨自己，你要做的就是强化自己的优势，弥补自己的劣势，在以后的面试中获得成功。

- 完善：在简历中体现的某些事实已经做到了因果明确，那么，面试官们就不会再问任何问题了吗？你是否会在面试的过程中提及简历中没有的工作经历？如果你的回答是肯定的。那么，请完善你的简历。
- 联系：大型公司的招聘程序通常比较复杂，所以需要的时间特别长，公司越大，速度就越慢。所以，就算面试是一两周以前的事情了，也不要因为没有收到通知而感到焦虑。没有消息就是好消息。如果过了半个月依旧杳无音讯，那么求职者可以主动给相关人员打电话了解情况，核实目标岗位是否仍旧空缺。在打电话的时候，一定要再次表达你对这个岗位的浓厚兴趣，以及自己具备的优势。
- 接受：接受工作邀约的时候，一定不要现场就接受，要用一两天的时间好好想一想这个问题。与面试官约定最终答复的时间。如果你最终不打算接受这份工作，你要将自己不接受的原因告诉给对方。
- 恭喜：如果你成功通过了人生中压力最大的面试，你要恭喜自己的进步，证明你已经到了专业的水平，立刻踏上征程。

经过今天的学习，相信大家已经掌握了不少知识。下面通过面试情景演练检验学习的成果，了解下一步需要努力的方向。

你言我语

两人一组分别扮演面试官、求职者，求职者预设求职岗位和求职企业，在面试题目下，填写答题思路，面试官向求职者提问下面的面试题目，求职者回答后总结面试策略。

面试问答解析

面试试题拓展

求职岗位：__________　　求职企业：__________

面试官：如果我发出工作邀请，你是否会因为某些原因拒绝？

求职者：______________________________

面试官：目前你是否还在考虑其他工作？

求职者：______________________________

面试官：你最近5年的职业规划是什么？

求职者：______________________________

面试官：为什么会选择与自己专业无关的职业？

求职者：______________________________

面试策略：______________________________

____

____

我思我想

面试后的善后工作其实是很重要的，我们该如何做呢？下面给出五点建议：

1）写信感谢。旨在加深招聘人员的印象，增加求职成功的可能性。感谢信的开头应提及自己的姓名、简单的个人情况以及面试的时间，并对招聘人员表示感谢。

2）不打听结果。一般情况下，招聘单位确定最后录用人选可能需要三五天时间。求职者在这段时间内一定要耐心等候消息，不要过早打听面试结果。

3）收拾心情。如果同时向几家公司求职，在一次面试结束后，要注意调整自己的心情，全身心投入下一家公司的面试，不应该放弃其他机会。

4）查询结果。一般来说，如果求职者在面试的两周后，或面试官许诺的时间到来时还没有收到对方的答复，就应该写信或打电话给招聘单位，询问面试结果。

5）做好再冲刺的准备。如果在竞争中失败了，千万不要气馁。面试结束后，关键是要总结经验教训，并针对自己面试过程中存在的不足重新做准备，迎接下一次面试 。

自查以上五点善后工作中哪一点是难以做到的，与老师及同学们共同探讨如何克服面试善后工作的难点。

____

____

____

____

____

____

____

一封好的感谢信或许能够帮你转变职场命运，而一封幽默、优美的感谢信，更能够让面试官在欣赏你的文字之余，给你的申请加上一分。

请大家点评下面的一封感谢信。

抱歉！“偷”了您的签字笔

尊敬的××：

您好！我是广州市××××学院的池恺杰，今天上午您面试过的那个戴着黑框眼镜、留着小平头的微胖男生。回家以后我无意中发现，竟然不小心“偷”走了您的签字笔，十分抱歉，希望有机会将笔还给您。

近段时间，我也在其他4S店参加了多次的面试，但是，您是唯一一个，能够以一个过来人的身份，将如何从一个销售菜鸟成长为一名销售精英的经验，真诚地与一个面试候选者分享的面试官。感动之余，我由衷地发出感慨：优秀的成功人士从来都不害怕与人分享经验，而是乐于与人分享。如果能够和您一起共事，将是我的幸运。

在面试中您表达了对我缺乏销售经验、比较害羞的担忧，可以理解，没有一个顾客希望在购车过程中，遇到一个一问三不知且羞涩的销售菜鸟。的确这是我急需弥补的一个不足。回到学校以后，我用手机拍下了几次不同车型的销售练习视频，而且，我也给自己做了一个练习计划，每天至少要进行5次这样的练习，要对着手机录像，反复改进，希望以后能够做得更好。我相信，经过一段时间的特训，我会积累到一定的经验。

您也提到让我不仅要学习销售技巧，还要了解汽车构造性能等相关知识。面试结束后，我在网上浏览了相关的知识，我欣喜地发现，虽然我不是汽车专业毕业的，但是作为机电专业的毕业生，汽车发动机、底盘构造与维修、制冷技术这几门课程恰恰是我最擅长的科目。由于我有两年在汽车维修、美容企业实习的背景，我可以利用这个优势，将我的经验和销售结合起来，向客户推荐最合适的车辆。

最后，衷心地希望能有机会加入您的工作团队！

冬寒乍起，希望您能注意保暖，拥有一个温暖的冬季！

此致

敬礼

广州市××××学院　池恺杰

××××年××月××日

面试后，请针对你希望应聘的企业和岗位，写一封感谢信给人力资源部门，以增加面试成功的概率。

面试通常只有几十分钟，但这短短的几十分钟也许决定你一生的前程。要学会在短时间内既全面又突出重点地介绍、推销自己，使面试官清楚地了解你的情况，并对你留下美好而深刻的印象。

实训工场

求职面试不惊慌，精心准备展才华

经过一个学期的学习，我们对“准备面试”和“应对面试”的方方面面已经有了全面而深刻的认识，对从提升求职形象、精制求职资料、了解企业需求，到剖析面试类型、规避面试禁忌、提升面试技巧、完美善后面试的每个步骤、环节都已初步掌握。接下来，我们一起在老师的指导下，通过以下实操演练，为毕业时的成功求职做最后的冲刺。

想一想 做一做

Step1：以小组为单位，每一小组扮演一家企业，并由组长牵头为企业某岗位拟定一则招聘信息，并做好招聘相关准备。

要求如下：

（1）企业性质不限，既可为知名大企业也可是中小企业。

（2）招聘岗位须与本专业学习课程对应或相关。

（3）招聘信息要素完整，能够体现岗位要求及企业文化。

（4）准备好招聘所需测试题、面试题目、评价表（可参考附录A）等用品。

（5）招聘信息公布形式不限。

Step2：每名同学根据各招聘信息，选择一家目标企业（不得选择本组），参加应聘面试。

要求如下：

（1）熟悉企业及岗位的相关信息资料。

（2）根据招聘要求准备好相关求职材料（个人简历、求职信等），设计求职服装及造型。

（3）面试流程：进场→自我介绍→企业面试人员提问→退场。

Step3：评价总结。

要求如下：

（1）招聘企业选派代表逐一点评应聘者的表现。

（2）应聘者自评。

（3）现场观众点评。

（4）教师总结（见附录B）。

一、面试的五个阶段

面试一般分为关系建立阶段、导入阶段、核心阶段、确认阶段和结束阶段。

小A到一家大型集团公司应聘招聘主管一职，下面是主面试官和小A的一段对话，根据对话分析面谈技巧。

（一）关系建立阶段

关系建立阶段的目的是创造自然、轻松、友好的氛围。一般采用简短回答的封闭式问题，约占面试内容的2%。

主面试官：你过来应聘求职是看到媒体招聘信息还是朋友推荐来的？

小A：我一直仰慕贵公司，这次招聘信息是从广告上看到的。

分析：这是封闭性问题。它要求应聘者用非常简单的语言，对有限可选的几个答案做出选择。封闭性问题主要用来引出后面的探索性问题，以得出更多的信息。

（二）导入阶段

这一阶段主要问一些应聘者有所准备且比较熟悉的题目，最好的提问方式是开放性问题，约占面试内容的8%。

主面试官：请你介绍一下自己的经历。

小A：（略）

分析：这是一个开放性问题。它是让应聘者在回答中提供较多信息的面试问题，这种题目不是让应聘者简单地回答“是”或“否”，而是要求应聘者用相对较多的语言做出回答。在它的基础上可构建许多行为性问题，而行为性问题能够让主面试官得到对应聘者进行判断的重要证据。

（三）核心阶段

这一阶段主要收集关于应聘者的核心胜任能力（如岗位胜任特征、素质模型等）的信息。

主面试官：请问当你与用人部门的主管对某一职位的用人要求有不同意见时，你是怎样处理的？（开放性问题）

小A：我想我会尽量与用人部门的主管沟通，把我的想法和理由告诉他，并且询问他的想法和理由，双方求同存异，争取达成一致意见。

主面试官：你能不能举出一个你所遇到的实例？

小A：好的。有一次保安部门有一个保安人员的职位空缺，用人部门的经理要求找到的人必须身高在1.8米以上，体重在80千克以上。

分析：这是一个行为性问题。它要求针对过去曾经发生的关键事件提问，根据应聘者的回答，探测应聘者对事件的行为、心理反应（行为样本），从而判断应聘者与关键胜任能力（素质模型）的拟合程度。

主面试官：为什么？

小A：因为他认为身强体壮的保安人员对坏人具有威慑力。

分析：这是一个探索性问题。它通常是在主面试官希望进一步挖掘某些信息时使用，一般用在其他类型的问题后做继续追问。

主面试官：那后来怎么样了呢？（探索性问题）

小A：我向那位部门经理解释这并不是必要的条件。因为对于保安人员来说，忠于职守、负责任、反应敏捷、良好的自控能力才是最重要的，而身高和体重则不必非得提出那么高的要求。

主面试官：那么你是怎么做的呢？（探索性问题）

小A：我对他说，如果你能够拿出一些统计数据表明保安人员的身高和体重确实可以阻止坏人的犯罪企图，那么我可以接受这条要求，否则的话，提出这种要求就是没有道理的。

主面试官：那接下去情况怎么样了？（探索性问题）

小A：那位部门经理收回了他的意见。

主面试官：那么你和那位部门经理这次意见不一致是否影响了你们之间的关系？（封闭式问题）

小A：没有。

（四）确认阶段

主面试官进一步对核心阶段所获得的对应聘者是否能够胜任的判断进行确认，约占面试内容的5%。这一阶段最好采用开放性问题。

主面试官：刚才我们已经讨论了一个具体的实例，那么现在你能不能谈谈招聘的程序是怎样的？

小A：（略）

（五）结束阶段

结束阶段是主面试官检查自己是否遗漏了关于关键胜任能力的问题并加以追问

的最后机会，约占面试内容的5%。可以适当采用一些基于关键胜任能力的行为性问题或开放性问题。

主面试官：你能再举一些例子证明你在招聘方面的专业技能吗？（探索性问题）

小A：（略）

一次良好的面试不但要做好充分的准备工作，而且在面试过程中要巧妙运用面试的技巧。一次成功的面试不但是对应聘者的考验，更是对主面试官如何选择人才的考验。

二、面试前应该做好的四件事

1）搜集招聘单位和待聘岗位的资料，以利于在应聘中有针对性、有准备地回答问题。在回答问题的过程中，提及自己对用人单位情况的了解，也会拉近应聘者和招聘人员的距离。

2）搜集主面试官的有关情况，要尽可能打听主面试官的姓名，要能正确地说出他们的职务、姓名或更多相关情况。这一点在很多情况下不容易做到，但是如果做到了，会使自己在知己知彼的情况下，顺利地与对方交流，并取得意想不到的效果。

3）查找交通路线，以免面试迟到。接到面试通知后，要首先搞清楚准确地点和交通路线。要留出充裕的时间去搭乘或转换车辆，包括一些意外情况都应考虑在内。

4）准备好自己的资料。要带全自己准备的文字材料和有关证书。个人简历的内容必须在面试前牢记于心，如果面试官发现应聘者回答问题与简历内容有不符的情况，应聘者必定惨遭失败。

【案例一】王强是某重点大学的毕业生，学习成绩非常优秀，而且在校期间曾多次组织和策划大型的社团活动，有很强的综合能力。在得知某国际知名企业来校招聘后，王强拿着自己的简历前来应聘。笔试轻松通过后，参加了面试。面试官问：“你知道Windows10专业版在中国大陆地区的零售价是多少吗？”王强回答道：“5元。”面试官说：“可以了，下一位。”结果王强被淘汰了。但是他不气馁，在投了多份简历以后，终于得到了搜狗的面试机会，面试官问：“你是从哪里得到搜狗招聘信息的？”王强说：“从百度上搜到的，我有使用百度搜索的习惯！”面试官说：“可以了，下一位。”结果可想而知，王强又被淘汰了。在王强家里的帮助下，他得到了一个去中国移动通信集团公司面试的机会，但是由于前一个晚上通宵打网游，第二天早上起来时匆忙地出门，他连如何到达面试地点都不知道，迟到了半个小时，结果这次面试也失败了。

【分析】王强拥有很强的专业能力和不错的简历，但还是没有面试成功。究其原因，是因为他每次面试大多没有做好准备，也没有在每次面试以后总结经验教训。到一个公司面试以前，应该对这个公司进行基本的了解，知道企业需要什么样的人才。准备不充分是很多学生求职时的一个通病，也是面试失败的一个重要因素。如果你渴望得到这份工作，请在面试前做好充分的准备。

【案例二】李明是一名优秀的毕业生，在校期间，曾多次获得二等奖学金，同时任学生会主席，曾策划和组织过多项校级大型活动，有着很强的组织能力，也有着较辉煌的履历。正是由于综合素质优秀，他一路过关斩将，得到了某大型广告公司的面试机会。面试时，其中一位面试官对于李明一个问题的回答有不同意见，李明认为自己的想法是正确的，因此，情绪逐渐激动起来，与这位面试官据理力争，多次打断面试官的讲话。结果是李明没有被录取。

【分析】人与人之间的沟通很重要，而良好的氛围是沟通的基本保障。李明自认为有着辉煌的履历，并且为了表现自己的说法是正确的，遇到不同的意见时，忘记了聆听，只是一味地表达自己，多次不礼貌地打断别人的讲话。同时，由于情绪控制得不好，过于激动，有些失态。这样的做法会给面试官一种难于沟通、合作的印象，很难通过面试。面试时，应该注意聆听，保持平和的心态和愉快的心情。

三、偏题这样回答

面试遇到偏题，必然心中犹豫不决，不知道如何回答，想来想去，最后很容易答错。其实，偏题的出现，是面试官在压力测试时，根据每个人的不同情况，临时提出的问题，只不过是事先没有准备而已。回答这类问题时，只有一个原则：站在公司的角度、站在老板的角度去回答问题，也就是说，进行换位思考。

偏题分析举例：

（一）如果我们公司这次没有录取你，但过一段时间，被录取的人中有没能度过试用期的，再通知你来公司，你还会再来吗？

分析：这是一个很尖锐的问题，一箭双雕，既看一看你对公司的认可程度，又在考察你的性格。

1. 错误回答

1）为什么我还要再来？我又不是找不到工作。

2）我不想等待，再说那时我可能早就被另一个公司录取了。

3）现在没有录取我，说明公司没有看好我，我来了也没有意思。

回答结果：错失这家公司，另谋高就。

2. 正确回答

尊敬的面试官，那就说明我是一个“替补队员”了，能给一个强队当“替补队员”，也是很光荣的事，我肯定会高高兴兴地来。再说，“主力队员”都是从“替补队员”干起来的。只要我今后工作努力，肯定会从“替补队员”升为“主力队员”的。现在，我既然是“替补队员”，就说明我还应该付出比“主力队员”更大的努力，才能满足公司的要求。我相信我肯定能努力成为公司的“主力队员”，为公司做出我最大的贡献。感谢面试官给我提供的一个机会。

回答结果：没准公司现在就可以录用你了。

（二）如果公司给你的工资，没有达到你预期，你还来我们公司吗？

1. 错误回答

1）这是我的工资底线，如果达不到，那我可能考虑另外一个公司了。

2）那我就不一定会来了，因为我认为我的要求并不高。

3）如果那样的话，那就是我跳槽后的工资还低于原来的工资，我要考虑一下。

回答结果：因为工资差额，失去一个发展机会。

2. 正确回答

工资是我求职需要考虑的一个问题，但公司更是我要考虑的问题。我更看重一个公司的企业文化、发展前景以及我在公司的个人发展。对于一个年轻人来说，前途要比眼前的薪资更重要。再说，每个公司都有自己的工资标准，我相信，只要我的能力达到公司的职位要求，公司也不会给我比别人低的工资，如果我的能力达不到公司的职位要求，我提的工资再高，也是不合适的。

回答结果：公司的招聘人员会投来赞许的目光。

（三）你在公司里工作，如果同办公室里的一个人，能力没有你强，但工资却高于你，你会不会有想法，心理能平衡吗？

1. 错误回答

1）我当然不平衡，那我工作还有什么意思？

2）如果他的能力比我强，我不会有想法。如果没有我强，我肯定心理不平衡。

3）如果公司对待员工是这样的不公平，企业文化肯定有问题，对这样的公司我只有走人。

回答结果：公司不会录取，心中又增加了一个不平衡。

2. 正确回答

工资是员工最敏感的问题，公司一般都会尽量处理好这个问题的。如果那个同事的能力不如我，工资还高于我，肯定是他在其他方面强于我。或者，他能为公司解决一些实际的问题，所以，他的工资高于我的。在公司里，我不想与别人攀比，因为这里面有许多我所不知道的东西。我喜欢把自己与自己比，只要自己比自己过去升值了，就有成就感。只要认为公司给我的报酬与我的能力匹配，心理就不会不平衡。

回答结果：恭喜你进入下一轮面试。

附　录

附录A　公司面试评价表

评价人姓名：　　　　　　　　职务：　　　　　　　　面试时间：

应聘人姓名:	性别:	年龄:	编号:			
应聘职位：	原单位：					
评价方向	评价要素	评价等级				
		1（差）	2（较差）	3（一般）	4（较好）	5（好）
个人基本素质评价	1. 仪容仪表					
	2. 语言表达能力					
	3. 亲和力和感染力					
	4. 诚实度					
	5. 时间观念与纪律观念					
	6. 人格成熟程度（情绪稳定性、心理健康等）					
	7. 思维逻辑性，条理性					
	8. 应变能力					
	9. 判断分析能力					
	10. 自我认识能力					
相关的工作经验及专业知识	11. 工作经验					
	12. 掌握的专业知识					
	13. 学习能力					
	14. 工作创造能力					
	15. 所具备的专业知识、工作技能与招聘职位要求的吻合性					
录用适合性评价	16. 个人工作观念					
	17. 对企业的忠诚度					
	18. 个性特征与企业文化的相融性					
	19. 稳定性、发展潜力					
	20. 职位胜任能力					
总得分						

人才优势评估	人才劣势评估

评价结果			
建议录用	安排再次面试	储备	不予录用
	时间：		

附录B　教师评价表

班级________组长__________组员____________________年_____月_____日

组别	团队参与程度：招聘信息及招聘设计完成情况（40分）	分享表达合理完整程度（30分）	课堂纪律（30分）	意见及建议	总分（100分）